ADIÓS, HEMINGWAY

Obras de Leonardo Padura en Tusquets Editores

SERIE MARIO CONDE

Pasado perfecto (Andanzas 690/1 y Maxi Serie Mario Conde 1)
Vientos de cuaresma (Andanzas 690/2 y Maxi Serie Mario Conde 2)
Máscaras (Andanzas 690/3 y Maxi Serie Mario Conde 3)
Paisaje de otoño (Andanzas 690/4 y Maxi Serie Mario Conde 4)
Adiós, Hemingway (Andanzas 690/5 y Maxi Serie Mario Conde 5)
La neblina del ayer (Andanzas 690/6 y Maxi Serie Mario Conde 6)
La cola de la serpiente (Andanzas 690/7)

*

La novela de mi vida (Andanzas 470)
El hombre que amaba a los perros
(Andanzas 700 y Maxi 027/1)
Herejes (Andanzas 813)

LEONARDO PADURA
ADIÓS, HEMINGWAY

© 2006, Leonardo Padura

Ilustración de la cubierta: casa del barrio habanero de El Vedado. © Robert Polidori.

Fotografía del autor: © Itziar Guzmán / Tusquets Editores

Diseño de la colección: FERRATERCAMPINSMORALES

© 2006, Tusquets Editores, S.A. – Barcelona, España

Reservados todos los derechos de esta edición para:
© 2015, Tusquets Editores México, S.A. de C.V.
Avenida Presidente Masarik núm. 111, Piso 2
Colonia Polanco V Sección
Deleg. Miguel Hidalgo
C.P. 11560, México, D.F.
www.tusquetseditores.com

1.ª edición en Andanzas en Tusquets Editores España: febrero de 2006
1.ª edición en Maxi en Tusquets Editores España: septiembre de 2014
1.ª edición en Maxi en Tusquets Editores México: febrero de 2015

ISBN: 978-607-421-654-7

No se permite la reproducción total o parcial de este libro ni su incorporación a un sistema informático, ni su transmisión en cualquier forma o por cualquier medio, sea este electrónico, mecánico, por fotocopia, por grabación u otros métodos, sin el permiso previo y por escrito de los titulares del *copyright*.
La infracción de los derechos mencionados puede ser constitutiva de delito contra la propiedad intelectual (Arts. 229 y siguientes de la Ley Federal de Derechos de Autor y Arts. 424 y siguientes del Código Penal).

Impreso en los talleres de Litográfica Ingramex, S.A. de C.V.
Centeno núm. 162-1, colonia Granjas Esmeralda, México, D.F.
Impreso en México – *Printed in Mexico*

Esta novela, como las ya venidas
y creo que todas las por venir,
es para Lucía, con amor y escualidez

NOTA DEL AUTOR

En el otoño de 1989, mientras un huracán asolaba La Habana, el teniente Mario Conde resolvió su último caso como miembro activo de la policía de investigaciones. Decidido a convertirse en escritor, entregó la renuncia el día que cumplía los treinta y seis años y recibía la terrible noticia de que uno de sus viejos amigos había iniciado los trámites para irse definitivamente de Cuba. La historia de esa última aventura policiaca de Mario Conde aparece en la novela *Paisaje de otoño*, con la que se cierra el ciclo «Las Cuatro Estaciones», de la cual también forman parte *Pasado perfecto*, *Vientos de cuaresma* y *Máscaras*, escritas y publicadas entre 1990 y 1997.

Resuelto a dejar descansar al Conde por un tiempo que prometía ser dilatado, comencé a escribir una novela en la cual él no aparecía. En medio de esa otra historia, mis editores brasileños me pidieron que participara en la serie «Literatura o muerte» y, si aceptaba, debía advertirles el nombre del escritor alrededor del cual se desarrollaría el relato. Después de pensarlo muy poco, el proyecto me entusiasmó, y el escritor que de inmediato vino a mi mente fue Ernest Hemingway, con quien he tenido por años una encarnizada relación de amor-odio. Pero, al buscar el modo de enfrentar mi dilema personal con el autor de *Fiesta*, no se me ocurrió nada mejor que pasarle mis obsesiones al Conde —como había hecho tantas otras veces—, y convertirlo en el protagonista de la historia.

De la relación entre Hemingway y el Conde, a partir de la misteriosa aparición de un cadáver en la casa habanera del autor norteamericano, ha surgido esta novela que, en todos los sentidos, debe leerse como tal: porque es sólo una novela y muchos de los sucesos en ella narrados, aun cuando hayan sido extraídos de la más comprobable realidad y la más estricta cronología, están tamizados por la ficción y entremezclados con ella al punto de que, ahora mismo, soy incapaz de saber dónde termina un país y dónde comienza el otro. No obstante, aunque algunos personajes conservan sus verdaderos nombres, otros han sido rebautizados para evitar posibles susceptibilidades, y las figuras de la realidad se mezclan con las de la ficción en un territorio donde sólo rigen las leyes y el tiempo de la novela. De esta manera, el Hemingway de esta obra es, por supuesto, un Hemingway de ficción, pues la historia en que se ve envuelto es sólo un producto de mi imaginación, y en cuya escritura practico incluso la licencia poética y posmoderna de citar algunos pasajes de sus obras y entrevistas para construir la historia de la larga noche del 2 al 3 de octubre de 1958.

Por último, quiero agradecer la ayuda que he recibido de personas como Francisco Echevarría, Danilo Arrate, María Caridad Valdés Fernández y Belkis Cedeño, especialistas del Museo Finca Vigía y hemingwayanos cubanos todos. También de mis indispensables lectores Alex Fleites, José Antonio Michelena, Vivian Lechuga, Stephen Clark, Elizardo Martínez y el verdadero y real John Kirk, así como mi esposa Lucía López Coll.

L.P.F.
Mantilla, verano de 2000

POST SCRIPTUM

El texto que, por razones contractuales, sólo ahora ha sido publicado en España es, en esencia, el mismo que fue publicado en el 2001. Sin embargo, al revisarlo para la nueva edición me he visto tentado a realizar muy ligeros retoques, ninguno de los cuales cambia el sentido de la historia ni el carácter de los personajes.

Todavía en Mantilla, verano de 2005

No siempre había calor donde yacían los muertos; muchas veces la lluvia los bañaba mientras estaban sobre la tierra y la ablandaba cuando los enterraban en ella y a veces seguía la lluvia hasta que todo era fango y los desenterraba y había que enterrarlos de nuevo.

Ernest Hemingway, «A Natural History of the Death»

Primero escupió, luego expulsó los restos del humo agazapado en sus pulmones y finalmente lanzó al agua, propulsándola con sus dedos, la colilla mínima del cigarro. El escozor que sintió en la piel lo había devuelto a la realidad y, de regreso al adolorido mundo de los vivos, pensó cuánto le hubiera gustado saber la razón verdadera por la cual estaba allí, frente al mar, dispuesto a emprender un imprevisible viaje al pasado. Entonces empezó a convencerse de que muchas de las preguntas que se iba a hacer desde ese instante no tendrían respuestas, pero lo tranquilizó recordar cómo algo similar había ocurrido con muchas otras preguntas arrastradas a lo largo y ancho de su existencia, hasta llegar a aceptar la maligna evidencia de que debía resignarse a vivir con más interrogantes que certezas, con más pérdidas que ganancias. Tal vez por eso ya no era policía y cada día creía en menos cosas, se dijo, y se llevó otro cigarro a los labios.

La brisa amable, proveniente de la pequeña caleta, resultaba una bendición en medio del calor del verano, pero Mario Conde había escogido el breve tramo del malecón beneficiado con la sombra de unas viejísimas casuarinas por motivos más bien ajenos al sol y el calor. Sentado en el muro, con los pies colgando hacia los arrecifes, había disfrutado la sensación de hallarse libre de la tiranía del tiempo y gozó con la idea de que podía pasar en aquel preciso lugar el resto de su vida, dedicado únicamente a pensar, a recordar y a mirar el mar, tan apacible. Y, si venía alguna buena idea, incluso ponerse a escribir, pues en su paraíso personal el Conde había hecho del mar, de sus efluvios y rumores, la escenografía perfecta para los fantasmas de su espíritu y de su empecinada memoria, entre los que sobrevivía, como un náufrago obstinado, la imagen almibarada de verse viviendo en una casa de madera, frente al mar, dedicado por las mañanas a escribir, por las tardes a pescar y a nadar y por las noches a hacerle el amor a una mujer tierna y conmovedora, con el pelo húmedo por la ducha reciente y el olor del jabón combatiendo con los aromas propios de la piel dorada por el sol. Y aunque hacía bastantes años la realidad había devorado aquel sueño con esa vehemencia cruel tan propia de la realidad, el Conde no lograba comprender por qué seguía aferrado a esa imagen, al principio muy vívida y fotográfica, y de la cual, ahora, apenas era capaz de distinguir luces y destellos difusos, salidos de una mediocre paleta impresionista.

Por eso dejó de preocuparle la razón capaz de marcar su derrotero de esa tarde: sólo sabía que su mente y su cuerpo le exigieron como requisito inaplazable retornar a aquella pequeña caleta de Cojímar encallada en sus recuerdos. En realidad todo había empezado en ese mismo sitio, de cara al mismo mar, bajo las mismas casuarinas, entonces cuarenta años más jóvenes, entre los olores indelebles de siempre, el día de 1960 en que conoció a Ernest Hemingway. La fecha exacta del encuentro se le había extraviado, como tantas cosas buenas de la vida, y no podía asegurar si aún tenía cinco años o si había cumplido los seis, aunque para esa época su abuelo Rufino el Conde ya solía llevarlo con él a los sitios más diversos, desde las vallas de gallos y los bares del puerto hasta las mesas de dominó y los estadios de pelota, aquellos lugares entrañables, casi todos difuminados por leyes y ordenanzas, en los cuales el Conde había aprendido varias de las cosas más importantes que debe saber un hombre. Aquella tarde, que de inmediato se tornaría inolvidable, habían asistido a unas peleas de gallos en el barrio de Guanabacoa, y su abuelo, que como casi siempre había ganado, decidió premiarlo llevándolo a conocer el pueblo de Cojímar, tan cerca y tan lejos de La Habana, para que allí se tomara uno de los que él insistía en llamar los mejores helados de Cuba, fabricados por el chino Casimiro Chon en viejas sorbeteras de madera y siempre con frutas frescas del país.

Todavía el Conde creía recordar el sabor pastoso del helado de mamey y su júbilo al ver las maniobras de un hermoso yate de maderamen marrón, del cual salían hacia el cielo dos enormes varas de pesca que le daban un aspecto de insecto flotante. Si el recuerdo era real, el Conde había seguido al yate con la vista mientras se acercaba suavemente a la costa, sorteaba la flotilla de desvencijados botes de pesca anclados en la caleta y fondeaba junto al embarcadero. Fue entonces cuando un hombre rojizo y sin camisa había saltado del yate hacia el muelle de hormigón, para recibir la cuerda que otro hombre, cubierto con una gorra blanca y sucia, le lanzaba desde la embarcación. Tirando del cabo, el hombre rojizo acercó el yate a un poste y lo amarró con un lazo perfecto. Quizás su abuelo Rufino le había comentado algo, pero los ojos y la memoria del Conde ya se habían detenido en el otro personaje, el hombre de la gorra, que usaba además unos espejuelos redondos con cristal verde y lucía una barba tupida y canosa. El niño no había dejado de observarlo mientras saltaba de la brillante embarcación y se detenía para hablar algo con el hombre rojo que lo esperaba en el muelle. El Conde viviría convencido de haber visto cómo los hombres se estrechaban las manos y, sin soltarse, hablaban por un tiempo impreciso en el recuerdo, tal vez durante un minuto o toda una hora, pero siempre con las manos cogidas, hasta que el hombre viejo de la barba abrazó al otro, y sin mirar atrás, avanzó por el muelle hacia la costa. Algo de Santa Claus había en aquel hombre barbudo y un poco sucio, de manos y pies grandes, que caminaba con seguridad pero de un modo que denotaba tristeza. O quizás sólo era un insondable efecto magnético y premonitorio, dirigido hacia el mundo de las nostalgias todavía por vivir, agazapadas en un futuro que el niño ni siquiera podía imaginar.

Cuando el hombre de la barba canosa subió las escaleras de cemento y tomó la acera, su estatura creció y el Conde había visto cómo se colocaba la gorra bajo el brazo. Del bolsillo de su camisa había extraído un pequeño peine de plástico, con el que comenzó a acomodarse el pelo, amoldándolo hacia atrás, una y otra vez, como si fuera necesaria aquella insistencia. Por un momento el hombre había estado tan cerca del Conde y de su abuelo que el niño llegó a recibir una vaharada de su olor: era una mezcla de sudor y mar, de petróleo y pescado, un hedor malsano y abrasador.

—Se está echando a perder —había susurrado su abuelo, y el Conde nunca supo si se refería al hombre o al estado del tiempo, pues en esa encrucijada de su evocación empezaban a confundirse el recuerdo y lo aprendido, la marcha del hombre y un trueno llegado de la distancia, y por eso el Conde solía cortar en ese instante la reconstrucción de su único encuentro con Ernest Hemingway.

—Ése es Jemingüey, el escritor americano —había añadido su abuelo cuando hubo pasado—. A él también le gustan las peleas de gallos, ¿sabes?...

El Conde creía recordar, o al menos le gustaba imaginar, que había oído aquel comentario mientras observaba cómo el escritor abordaba un reluciente Chrysler negro, aparcado al otro lado de la calle, y desde su ventanilla, sin quitarse los espejuelos de cristales verdes, hacía con la mano un gesto de adiós, precisamente en la dirección del Conde y su abuelo, aunque tal vez lo extendía un poco más allá, hacia la caleta donde quedaban el yate y el hombre rojizo al que había abrazado, o aún más allá, hacia el viejo torreón español hecho para desafiar el paso de los siglos, o quizás incluso mucho más allá, hacia la distante e indetenible corriente del Golfo que, sin saberlo, aquel hombre que hedía a mar, pescado y sudor nunca volvería a navegar... Pero el niño ya había atrapado en el aire el saludo y, antes de que el auto se pusiera en movimiento, se lo devolvió con la mano y con la voz.

—Adiós, Jemingüéy —gritó, y recibió como respuesta la sonrisa del hombre.

Varios años después, cuando descubrió la dolorosa necesidad de escribir y comenzó a escoger a sus ídolos literarios, Mario Conde supo que aquélla había sido la última navegación de Ernest Hemingway por un pedazo de mar que había amado como pocos lugares en el mundo, y comprendió que el escritor no se podía estar despidiendo de él, un minúsculo insecto posado sobre el malecón de Cojímar, sino que en ese momento le estaba diciendo adiós a varias de las cosas más importantes de su vida.

—¿Quieres otro? —preguntó Manolo.
—Anjá —respondió el Conde.
—¿Doble o sencillo?
—¿Qué tú crees?

–Cachimba, dos rones dobles –gritó el teniente Manuel Palacios, con un brazo en alto, dirigido al barman, que empezó a servir la bebida sin quitarse la pipa de la boca.

El Torreón no era un bar limpio, y mucho menos bien iluminado, pero había ron y, a esa hora reverberante del mediodía, silencio y pocos borrachos, y desde su mesa el Conde podía seguir observando el mar y las piedras carcomidas de la atalaya colonial a la cual aquella antigua fonda de pescadores debía su pétreo nombre. Sin prisa el barman se acercó a la mesa, acomodó los vasos servidos, recogió los vacíos metiéndoselos entre sus dedos de uñas sucias y miró a Manolo.

–Cachimba será tu madre –dijo, lentamente–. A mí me da tres cojones que tú seas policía.

–Coño, Cachimba, no te empingues –lo calmó Manolo–. Era jugando contigo.

El barman puso la peor de sus caras y se alejó. Ya había mirado con ojos asesinos al Conde cuando éste le preguntó si allí servían el «Papa Hemingway», aquel daiquirí que solía beber el escritor, hecho con dos porciones de ron, jugo de limón, unas gotas de marrasquino, mucho hielo batido y nada de azúcar.

–La última vez que vi un hielo fue cuando era pingüino –había respondido el barman.

–¿Y cómo tú sabías que yo estaba aquí? –le preguntó el Conde a su ex compañero luego de beberse de un golpe la mitad de su porción.

–Para algo soy policía, ¿no?

–No te robes mis frases, tú.

–Ya no te sirven, Conde..., ya no eres policía –sonrió el teniente investigador Manuel Palacios–. Nada, no aparecías por ningún lado y como te conozco tan bien, me imaginé que ibas a estar aquí. No sé cuántas veces me contaste esa historia del día que viste a Hemingway. ¿Y de verdad te dijo adiós o es invento tuyo?

–Averígualo tú, que para eso eres policía.

–¿Estás cabrón?

–No sé. Es que no quiero meterme en esto..., pero a la vez sí quiero meterme.

–Mira, métete hasta donde quieras y cuando quieras te paras. Total, todo esto no tiene mucho sentido. Son casi cuarenta años...

–No sé por qué coño te dije que sí... Después, aunque quiera, no puedo parar.

El Conde se recriminó y, para autoflagelarse, terminó el trago de un golpe. Ocho años fuera de la policía pueden ser muchos años y nunca había imaginado que resultara tan fácil sentirse atraído por volver al redil. En los últimos tiempos, mientras dedicaba algunas horas a escribir, o cuando menos a tratar de escribir, el resto del día lo empleaba en buscar y comprar libros viejos por toda la ciudad para surtir el quiosco de un vendedor amigo, del cual recibía el cincuenta por ciento de las ganancias. Aunque el dinero producido por el negocio casi siempre era poco, el Conde disfrutaba con aquella ocupación de traficante de libros viejos por sus variadas ventajas: desde las historias personales y familiares agazapadas tras la decisión de deshacerse de una biblioteca, quizás formada durante tres o cuatro generaciones, hasta la flexibilidad del tiempo existente entre la compra y la venta, que él podía manejar libremente para leer todo lo interesante que pasaba por sus manos antes de ser llevado al mercado. La falla esencial de la operación comercial, sin embargo, brotaba cuando el Conde sufría, como si fueran heridas en la piel, al encontrar viejos y buenos libros maltratados por la desidia y la ignorancia, a veces irrecuperables, o cuando, en lugar de llevar ciertos ejemplares valiosos al puesto de su amigo, decidía retenerlos en su propio librero, como reacción primaria de la incurable enfermedad de la bibliofilia. Pero aquella mañana, cuando su antiguo colega de sus días policiales le telefoneó y le sirvió en bandeja la historia del cadáver aparecido en Finca Vigía, y le ofreció entregarle extraoficialmente la investigación, un reclamo selvático lo obligó a mirar con dolor la hoja en blanco presa bajo el rodillo de su prehistórica Underwood, y decir que sí, apenas oídos los primeros detalles.

Aquella tormenta veraniega también había azotado con fuerza el barrio del Conde. A diferencia de los huracanes, las trombas estivales de agua, vientos y rayos llegaban sin previo aviso, a cualquier hora de la tarde, y ejecutaban una danza macabra y veloz sobre algún pedazo de la isla. Su fuerza, capaz de arrasar platanales y tupir alcantarillas, raras veces llegaba a males mayores, pero aquel preciso vendaval se había ensañado con la Finca Vigía, la antigua casa habanera de Hemingway, y puso a volar algunas de las tejas del techo, arrancó parte del tendido eléctrico, derribó un tramo de la verja del patio y, como si ése fuera su propósito celestial, provocó la caída de una manga centenaria y enferma de muerte, seguramente nacida allí antes de la construcción de la casa en el año remoto de 1905: y con las raíces del árbol habían salido a la luz los primeros huesos de lo que los peritos identificaron como un hombre, caucásico, de unos sesenta años, con principio de artrosis y una vieja fractura de la rótula mal soldada, muerto entre 1957 y 1960 a causa de dos disparos: uno de los impactos lo había recibido en el pecho, presumiblemente por el costado derecho, y, además de atravesarle varios órganos vitales, le había partido el esternón y la columna vertebral. El otro parecía haberle penetrado por el abdomen, pues le fracturó una costilla de la región dorsal. Dos disparos ejecutados por un arma al parecer potente, sin duda a corta distancia, los cuales provocaron la muerte de aquel hombre que, por el momento, sólo era una bolsa llena de huesos carcomidos.

—¿Sabes por qué dijiste que sí? —le preguntó Manolo y lo miró complacido y fijamente. Entonces su ojo derecho bizqueó hacia el tabique nasal—. Porque un hijo de puta siempre será un hijo de puta, por más que se confiese y hasta vaya a la iglesia. Y un jodido tipo que fue policía es policía para siempre. Por eso, Conde.

—¿Y por qué en vez de hablar toda esa mierda no me dices algo interesante? Con lo que sé, no puedo ni empezar a...

—Es que no hay más nada ni creo que lo haya. Hace cuarenta años, Conde.

—Dime la verdad, Manolo... ¿A quién le interesa este caso?

—¿La verdad-verdad? Por ahora a ti, al muerto, a Hemingway y creo que a más nadie... Mira, para mí todo está superclaro. Hemingway tenía malas pulgas. Un día alguien lo jodió demasiado y él le sopló dos tiros. Después lo enterró. Después nadie se preocupó por el muerto. Después Hemingway se metió un tiro en la cabeza y ahí se acabó la historia... Te llamé porque sabía que te iba a interesar y quiero dar un tiempo antes de cerrar el caso. Cuando lo cierre y se conozca la noticia, entonces sí que la historia de ese muerto enterrado en la casa de Hemingway le va a interesar a mucha gente y se va a publicar en medio mundo...

—Y por supuesto, les va a encantar decir que Hemingway lo mató. ¿Y si no fue él quien lo mató?

—Eso es lo que tú vas a averiguar. Si puedes... Mira, Conde, yo estoy hasta aquí de trabajo —e indicó a la altura de las cejas—. Esto se está poniendo cabrón: cada día hay más robos, malversaciones, asaltos, prostitución, drogas, pornografía...

—Lástima que ya no soy policía. Tú sabes que me encanta la pornografía.

—No jodas, Conde: pornografía con niños.

—Esto es el principio, Manolo. Agárrate para lo que nos viene arriba...

—Por eso mismo, Conde, ¿tú crees que con toda esa mierda en el ambiente yo tengo tiempo de meterme en la vida de Hemingway, que se voló la cabeza hace mil años, para saber si mató o no a un tipo que no se sabe ni quién coño es?

El Conde sonrió y miró hacia el mar. La caleta, en otros tiempos repleta de botes de pescadores, era ahora un piélago desierto y refulgente.

–¿Sabes una cosa, Manolo?... –hizo una pausa y probó su trago–. A mí me encantaría descubrir que fue Hemingway el que mató a ese tipo. Desde hace años el cabrón me cae como una patada en los cojones. Pero a la vez me jode pensar que le echen arriba un muerto que no es suyo. Por eso voy a averiguar un poco, y cuando digo un poco es un poco... ¿Ya registraron bien toda la parte donde apareció el muerto?

–No, pero mañana van para allá Crespo y el Greco. Ese trabajo no lo podía hacer cualquier abrehuecos.

–Y tú ¿qué vas a hacer?

–Seguir en lo mío y dentro de una semana, cuando me digas lo que sabes, cierro el caso y me olvido de esta historia. Y que le caiga la mierda arriba a quien le caiga.

El Conde volvió a mirar hacia el mar. Sabía que el teniente Palacios tenía razón, pero una extraña incomodidad se le había instalado en la conciencia. ¿Será por culpa del mar o porque fui policía demasiado tiempo?, pensó. ¿O será porque ahora trato de ser escritor?, también pensó, para no relegar su mayor ambición.

–Ven acá, quiero que veas una cosa –le pidió a su amigo y se puso de pie.

Sin esperar a Manolo cruzó la calle y avanzó entre los troncos de las casuarinas hacia el pequeño parque con una glorieta sin techo, dentro de la cual estaba el pedestal de mampostería con el busto de bronce. La luz del sol, oblicua y decadente, entregaba sus últimos beneficios todavía tórridos al rostro verde y casi sonriente del hombre allí inmortalizado.

—Cuando empecé a escribir, yo también lo hacía como él. Este tipo fue muy importante para mí —dijo el Conde, con los ojos clavados en la escultura.

De todos los homenajes, utilizaciones y rememoraciones del nombre y la figura de Hemingway existentes en Cuba, sólo aquel busto le parecía sentido y verdadero, como una de las simples oraciones afirmativas que Hemingway aprendió a escribir en sus viejos días de reportero novato del *Kansas City Star*. En verdad, al Conde siempre le sonaba excesivo y hasta poco literario que sobreviviera un torneo de pesca de agujas, inventado por el mismo escritor y perpetuado después de su muerte, todavía patentizado con su nombre. Le resultaba falso y de mal gusto —en realidad de mal sabor— aquel daiquirí «Papa Doble» que una vez, atentando contra su pobre bolsillo, había bebido en la barra del Floridita, para encontrarse con una poción desleída a la cual Hemingway le había negado —por prescripción facultativa, para colmo de males— la gracia salvadora de la cucharadita de azúcar capaz de marcar la diferencia entre un buen cóctel y un ron mal aguado. Más que turbia, le parecía insultante la invención de una glamurosa Marina Hemingway para que los ricos y hermosos burgueses del mundo y ningún zarrapastroso cubano de la isla (por la simple condición de ser cubano y todavía vivir en la isla) disfrutaran de yates, playas, bebidas, comidas, putas complacientes y mucho sol, pero de ese sol que da un bello color en la piel, y no del otro, que te quema hasta los sesos en un campo de caña. Incluso el museo de Finca Vigía, donde Conde había dejado de ir tantos años atrás, le sabía a escenografía calculada en vida para cuando llegara la muerte... Al final, sólo la carcomida y desolada plazoleta de Cojímar, con aquel busto de bronce empotrado en un bloque de concreto roído por el salitre, decía algo simple y verdadero: era el primer homenaje póstumo que se le rindió al escritor en todo el mundo, era el que siempre olvidaban sus biógrafos, pero era el único sincero, pues lo habían levantado con sus propios dineros los pobres pescadores de Cojímar, luego de recoger por toda La Habana los trozos de bronce necesarios para el trabajo del escultor, quien tampoco cobró por su obra. Aquellos pescadores, a los que en los malos tiempos Hemingway les regaló las capturas hechas por él en aguas propicias, a los que consiguió trabajo durante la filmación de *El viejo y el mar*, exigiendo además que se les pagara a precio justo, unos hombres con quienes bebió cervezas y rones comprados por él, y a los cuales, en silencio, les escuchó hablar de peces enormes, plateados y viriles, capturados en las aguas cálidas del gran río azul, solamente ellos sentían lo que nadie en el mundo podía sentir: para los pescadores de Cojímar había muerto un camarada, algo que Hemingway no fue ni para los escritores, ni para los periodistas, ni para los toreros o los cazadores blancos del África, ni siquiera para los milicianos españoles o para aquellos maquis franceses, al frente de los cuales entró en París para ejecutar la etílica y feliz liberación del hotel Ritz del dominio nazi... Frente a aquel pedazo de bronce se derrumbaba toda la falsedad espectacular de la vida de Hemingway, vencida por una de las verdades más limpias de su mito, y el Conde admiraba el tributo no por el escritor, que nunca lo sabría, sino por los hombres capaces de engendrarlo, con un sentimiento de verdad que no suele existir en el mundo.

–¿Y sabes lo peor? –agregó el ex policía–: creo que el cabrón todavía me toca aquí –y señaló un punto impreciso de su pecho.

Si Miss Mary hubiera estado en casa, aquella noche de miércoles habrían tenido invitados, como todas las noches de miércoles, y él no habría podido beber tanto vino. Seguramente no serían muchos los asistentes a la cena, porque en los últimos tiempos él prefería la tranquilidad y la conversación con un par de amigos a los tumultos etílicos de otras épocas, sobre todo desde que su hígado había lanzado el grito de alarma por los muchos alcoholes tragados a lo largo de los años, y tanto la bebida como la comida pasaron a encabezar una horrible lista de prohibiciones en indetenible y lacerante crecimiento. Pero las cenas de los miércoles en Finca Vigía se mantenían como un ritual y, de todas las personas conocidas, él prefería compartirlas con su viejo amigo de la guerra de España, el médico Ferrer Machuca, y con la inquietante Valerie, aquella irlandesa suave y rojiza, tan joven, a la cual, para no enamorarse de la tersura increíble de su piel, convirtió en asistente personal, convencido de que las cosas del trabajo y las del amor nunca deben mezclarse.

La imprevista salida de su mujer hacia Estados Unidos para agilizar la compra de unos terrenos en Ketchum, lo había dejado solo, y al menos por unos días quiso disfrutar de aquella ácida y desconocida sensación de soledad que antes solía resultar tan productiva pero que ahora se asemejaba demasiado a la vejez. Para combatir ese sentimiento, cada mañana se había levantado con el sol y, como en los mejores tiempos, había estado trabajando dura y limpiamente, de pie ante su máquina de escribir, a un ritmo superior a las trescientas palabras por jornada, a pesar de que cada vez le parecía más inatrapable la verdad perseguida en aquella historia resbaladiza a la cual ya había titulado *El jardín del Edén*. Aunque era incapaz de confesárselo a nadie, la verdad era que sólo había vuelto sobre aquella narración, concebida diez años antes como un cuento y que ahora había empezado a crecer desorbitadamente, porque se había visto obligado a detener la actualización de *Muerte en la tarde* y no se le había ocurrido otra manera de invertir su tiempo de trabajo. Mientras desollaba la vieja crónica dedicada al arte y la filosofía de las corridas de toros, necesitada de una revisión a fondo para la nueva edición planificada, había percibido que su mente funcionaba con demasiada lentitud y más de una vez, para estar seguro de sus juicios, debió esforzarse en recordar e, incluso, consultar algún texto sobre la tauromaquia capaz de aclararle ciertas esencias de aquel mundo que tan bien él había conocido en su prolongado amor por España.

Aquella mañana del miércoles 2 de octubre de 1958 llegó a escribir trescientas setenta palabras, y por el mediodía había nadado, sin llevar la cuenta de las piscinas recorridas para no avergonzarse de las cifras ridículas ahora conseguidas, tan lejos de la milla diaria que solía transitar hasta tres o cuatro años atrás. Luego de almorzar, le había ordenado al chofer que lo llevara a Cojímar, para conversar con su viejo amigo Ruperto, el capitán del *Pilar*, y advertirle de su intención de salir hacia el Golfo el próximo fin de semana, en busca de buenos peces y un necesario descanso a su agotado cerebro. Sobreponiéndose a sus impulsos ancestrales, regresó a la casa al atardecer, sin pasar antes por la barra del Floridita, frente a la cual nunca era capaz de pararse para beberse un solo trago.

Cenó con mucha hambre dos ruedas de emperador a la plancha, cubiertas de rodajas de cebolla blanca, dulzona y muy perfumada, y un gran plato de verduras aliñadas sólo con jugo de limas y aceite verde español, y a las nueve le pidió a Raúl que recogiera la mesa, cerrara las ventanas y, al terminar, se fuera a su casa. Pero que antes le subiera una botella del Chianti recibido la semana anterior. En la comida había preferido un Valdepeñas leve y oloroso a frutas, y su paladar ya desvelado le reclamaba ahora el regusto seco y viril de aquel vino italiano.

Cuando abandonaba la mesa observó un movimiento en la puerta de entrada y vio cómo se asomaba la cabeza oscura de Calixto. Siempre le asombraba que siendo mayor que él y después de pasar quince años en una cárcel, Calixto aún no tuviera una sola cana.

—¿Puedo pasar, Ernesto? —preguntó el hombre, y él le hizo un gesto con la mano. Calixto se acercó unos pasos y lo miró—. ¿Cómo estás hoy?

—Bien. Creo que bien —y mostró con la mano la botella vacía dejada sobre la mesa.

—Me alegro.

Calixto era el empleado ubicuo de la finca, pues cumplía las misiones más diversas: lo mismo trabajaba con el jardinero que cubría las vacaciones del chofer, colaboraba con el carpintero o se dedicaba a pintar las paredes de la casa. Pero en esos días, por insistencia de Miss Mary —así llamaba a la señora Hemingway, como todos, por iniciativa de su esposo—, era el encargado de la vigilancia nocturna de la finca con el propósito de que el patrón no se quedara solo en la vasta propiedad. Si aquella orden no era la confirmación de que lo consideraban un viejo, ¿qué coño era? Él y Calixto se conocían hacía treinta años, desde los tiempos en que el hombre se dedicaba a meter alcohol de contrabando en Cayo Hueso y Joe Rusell a comprárselo. Muchas veces bebieron juntos en el Sloppy Joe's y en su casa del cayo, y a él le gustaba oír las historias de aquel cubano recio y de ojos tremendamente negros, que en tiempos de la ley seca había atravesado más de doscientas veces el canal de la Florida para introducir ron cubano en el sur de Estados Unidos y hacer felices a muchas personas. Luego habían dejado de verse, y cuando él empezó a visitar La Habana y a deambular por sus calles, supo que Calixto estaba preso por haber matado a un hombre durante una pelea de borrachos en un bar de los muelles. Cuando salió de la cárcel, en 1947, se habían encontrado casualmente en la calle Obispo y, al saber de los apuros en que andaba Calixto, él le ofreció trabajo, sin imaginar qué ocupación podía darle. Desde entonces Calixto merodeaba por su propiedad, empeñado en hacer algo útil para retribuir su salario y el favor que le debía a su amigo escritor.

—Voy a tomar café. ¿Quieres que te sirva? —preguntó Calixto alejándose ya hacia la cocina.

—No, hoy no. Sigo con el vino.

—No te pases, Ernesto —dijo el hombre desde la otra habitación.

—No me voy a pasar. Y vete al carajo con tus consejos de borracho arrepentido...

Calixto regresó a la sala con un cigarro encendido en los labios. Sonrió mientras le hablaba a su patrón.

—En los buenos tiempos de Cayo Hueso siempre te noqueaba. Con el ron y con el vodka. ¿O ya se te olvidó?

—Ya nadie se acuerda de eso. Yo menos que nadie.

—Nada más me ganabas con la ginebra. Pero ésa es bebida de maricones.

—Sí, eso decías cuando te meabas encima de tanto beber...

—Bueno, me voy. Me llevo un vaso con café —anunció—. ¿Hago yo el recorrido?

—No, mejor lo hago yo.

—¿Te veo luego?

—Sí, nos vemos luego.

Si Miss Mary hubiera estado en casa, después de la comida y la conversación, él habría leído unas pocas páginas de algún libro —quizás la edición recién llegada de *El hígado y sus enfermedades*, del tal H.P. Himsworth, que tan brutalmente explicaba sus dolencias hepáticas y sus desalentadoras consecuencias—, mientras bebía la copa permitida, por lo general del vino sobrante de la comida. Miss Mary jugaría a canasta con Ferrer y con Valerie, y él, desde su mutismo, disfrutaría del perfil de aquella muchacha a la cual, habilidosamente, Miss Mary se había llevado con ella arguyendo que necesitaba su ayuda para ciertos trámites legales y bancarios que debía realizar en Nueva York. Al fin y al cabo, un león viejo sigue siendo un león. Después de beber el vino y de leer un poco, él no habría estado mucho rato levantado: pronto daría las buenas noches, y dejaría en la sala a Ferrer, Valerie y Miss Mary, pues todos sabían que ahora se había convertido en hábito acostarse alrededor de las once, hiciera o no el recorrido por la finca... Tanta rutina, hechos repetidos, costumbres asumidas, actos previsibles, le parecían el índice más definitivo de su estado de vejez prematura, por eso le resultaba agradable autoengañarse con una sensación de responsabilidad ante la literatura que no sentía desde los años remotos de París, cuando no sabía quién editaría sus libros ni quién los leería y luchaba contra cada palabra como si en ello le fuera la vida.

—Aquí tiene el vino, Papa.
—Gracias, hijo.

Sobre el pequeño bar colocado junto al butacón, Raúl acomodó la botella descorchada y la copa limpia, de vidrio labrado. Aun cuando lo servía desde el año 1941, apenas instalado en la casa con su tercera esposa, Raúl jamás se hubiera atrevido a comentarle nada a propósito del vino y él sabía que tampoco se iría de lengua con Miss Mary. La fidelidad de Raúl era tan absoluta como la de Calixto, pero con un ingrediente perruno que la hacía más sosegada y retraída. De todos sus empleados era el más antiguo, al que más quería y el único que al decirle «Papa» lo hacía como si en realidad él fuera su padre, pues en muchos sentidos lo había sido.

—Papa, ¿está seguro de que se quiere quedar solo otra vez?

—Sí, Raúl, no te preocupes. ¿Comieron los gatos?

—Sí, Dolores les llevó su pescado y yo le di la comida a los perros. *Black Dog* fue el que no quiso comer, está como nervioso. Hace un rato estuvo ladrando por allá atrás. Yo bajé hasta la piscina y no vi a nadie.

—Yo le doy algo. Conmigo siempre come.
—Es verdad, Papa.

Raúl Villarroy tomó la botella y sirvió hasta la mitad la copa de vino. Él le había enseñado a dejarla abierta unos minutos antes de servir, para que la bebida respirara y se asentara.

—¿Quién hace el recorrido?
—Yo lo hago. Ya se lo dije a Calixto.
—¿De verdad quiere que me vaya y quedarse solo?
—Sí, Raúl, no hay problemas. Si me hace falta te llamo.
—No deje de llamarme. Pero de todas maneras más tarde yo doy una vuelta.
—Estás igual que Miss Mary... Vete tranquilo, yo no soy ningún viejo inútil.
—Yo lo sé, Papa. Bueno, duerma bien. Mañana estoy aquí a las seis para el desayuno.
—¿Y Dolores? ¿Por qué no lo prepara ella, como siempre?
—Si no está Miss Mary, debo estar yo.
—Está bien, Raúl, como quieras. Buenas noches.
—Buenas noches, Papa. ¿Está bueno el vino?
—Es excelente.
—Me alegro. Ya me voy. Buenas noches, Papa.
—Buenas noches, hijo.

En verdad tenía un sabor excelente aquel Chianti. Era un regalo de Adriana Ivancich, la condesita veneciana de quien se había enamorado unos pocos años atrás y a la cual convirtió en la Renata de *Al otro lado del río y entre los árboles*. Beber aquel Chianti oscuro le recordaba el sabor recio de los labios de la muchacha, y eso lo reconfortaba y borraba el sentimiento de culpa por estar bebiendo más de lo aconsejable.

Si quiere seguir viviendo, ni bebidas ni aventuras, le habían advertido Ferrer y los otros médicos. La presión sanguínea andaba mal, la diabetes incipiente se podía agravar, el hígado y los riñones no se habían recuperado de los accidentes aéreos que había sufrido en África, y la vista y el oído iban a perder más facultades si no se cuidaba. Aquel saco de enfermedades y prohibiciones era lo que iba quedando de él. ¿Y las corridas de toros? Sí, pero sin ningún exceso. Es que debía volver al ruedo, necesitaba regresar a las corridas y a su ambiente para terminar la reescritura de *Muerte en la tarde*, que se hacía tan difícil. Bebió la copa hasta el fondo y se sirvió otra porción. El susurro del vino rojo contra el cristal le evocó algo que no pudo recordar, aunque tenía relación con alguna de sus aventuras. ¿Qué carajos será?, se preguntó y se descubrió ante una terrible evidencia, conocida, pero en la cual trataba de no pensar: si no podía correr aventuras ni recordar, ¿de qué vas a escribir, muchacho?

Sus biógrafos y los críticos siempre insistían en destacar de su vida el gusto por el peligro, la guerra, las situaciones extremas, la aventura, en fin. Unos lo consideraban un hombre de acción devenido escritor, otros un payaso en busca de escenarios exóticos o peligrosos capaces de añadirle resonancia a lo que el artista escribía. Pero todos habían contribuido a mitificar, desde el elogio o desde la crítica, una biografía que, coincidían en esto, él mismo se había fabricado con sus acciones por medio mundo. La verdad, como siempre, solía ser más complicada y terrible: sin mi biografía no hubiera sido escritor, se dijo, y observó el vino a trasluz, sin beberlo. Él sabía que su imaginación siempre había sido escasa y mentirosa, y sólo contar las cosas vistas y aprendidas en la vida le había permitido escribir aquellos libros capaces de rezumar la veracidad que él le exigía a su literatura. Sin la bohemia de París y las corridas de toros no habría escrito *Fiesta*. Sin las heridas de Fossalta, el hospital de Milán y su amor desesperado por Agnes von Kuroswsky, jamás habría imaginado *Adiós a las armas*. Sin el safari de 1934 y el sabor amargo del miedo sentido ante la proximidad letal de un búfalo herido, no hubiera podido escribir *Las verdes colinas de África*, ni dos de sus mejores relatos, «La breve vida feliz de Francis Macomber» y «Las nieves del Kilimanjaro». Sin Cayo Hueso, el *Pilar*, el Sloopy Joe's, el contrabando de alcohol y algunas historias contadas por Calixto, no hubiera nacido *Tener y no tener*. Sin la guerra de España y los bombardeos y la violencia fratricida y su pasión por la desalmada Martha Gelhorn no hubiera escrito jamás *La quinta columna* y *Por quién doblan las campanas*. Sin la segunda guerra mundial y sin Adriana Ivancich no existiría *Al otro lado del río y entre los árboles*. Sin todos los días invertidos en el Golfo y sin las agujas que pescó y sin las historias de otras agujas tremendas y plateadas que oyó contar a los pescadores de Cojímar nunca hubiera nacido *El viejo y el mar*. Sin la «fábrica de truhanes» que le acompañaron a buscar submarinos nazis, sin Finca Vigía y sin el Floridita y sus tragos y sus personajes, y sin los submarinos alemanes que alguien en Cuba reabastecía de petróleo, no hubiera escrito *Islas en el Golfo*. ¿Y *París era una fiesta*? ¿Y *Muerte en la tarde*? ¿Y los cuentos de Nick Adams? ¿Y esta maldita historia de *El jardín del Edén* que se niega a fluir como debe y se alarga y se pierde?... Él sí lo sabía: debía hacerse de una vida para hacerse de una literatura, tenía que luchar, matar, pescar, vivir para poder escribir.

—No, coño, no me inventé una vida —dijo en voz alta y no le gustó su propia voz, en medio de tanto silencio. Y vació hasta el final la copa de vino.

Con la botella de Chianti bajo el brazo y la copa en la mano caminó hasta la ventana de la sala y miró hacia el jardín y hacia la noche. Esforzó los ojos, casi hasta sentir dolor, tratando de ver en la oscuridad, como los felinos africanos. Algo debía existir, más allá de lo previsible, más allá de lo evidente, capaz de poner algún encanto a los años finales de su vida: todo no podía ser el horror de las prohibiciones y los medicamentos, de los olvidos y los cansancios, de los dolores y la rutina. De lo contrario la vida lo habría vencido, destrozándolo sin piedad, precisamente a él, que había proclamado que el hombre puede ser destruido, pero jamás derrotado. Pura mierda: retórica y mentira, pensó, y se sirvió otra copa del vino.

Necesitaba beber. Aquélla amenazaba ser una mala noche.

Pero fue dos años después cuando al fin comprendió que si Miss Mary hubiera estado en casa, quizás aquella noche de miércoles no hubiera sido la noche que dio inicio al final de su vida.

Sobre el viejo portón de madera habían colgado un cartel, sucio y de letras desvaídas, que advertía: CERRADO POR INVENTARIO. DISCULPEN LAS MOLESTIAS. ¿De dónde coño lo habrán sacado?, se preguntó el Conde, también intrigado por el destino del cartel original mandado a colocar por Hemingway sobre aquel mismo portón de Finca Vigía: UNINVITED VISITORS WILL NOT BE RECEIVED, así, tajante y en inglés, como si sólo del mundo angloparlante pudieran llegar a aquel remoto paraje habanero visitantes no invitados. Los que hablaban otras lenguas, ¿qué eran?, ¿alimañas? El Conde empujó una de las puertas de la finca convertida en museo y comenzó su ascenso hacia la casa donde más años habían vivido el escritor y su fama, y por donde pasaron algunos de los hombres más célebres de su tiempo y algunas de las mujeres más bellas del siglo.

Nada más poner un pie en aquel territorio entrañablemente literario, inaugurado por una manga y varias palmeras sin duda nacidas antes que la casa, Mario Conde sintió que volvía a un santuario de su memoria que hubiera preferido mantener enclaustrado, a la custodia de una nostalgia amable y contenida. Más de veinte años llevaba sin visitar —siempre sin ser invitado— aquel lugar, al cual, decenas de veces, había ascendido en casi solemne procesión: eran los tiempos ya remotos en que se empeñaba también él en ser escritor y el mito del viejo leopardo de la montaña, con sus historias de guerras y cacerías a cuestas, con sus cuentos afilados como navajas y sus novelas cargadas de vida, con sus diálogos tan aparentemente simples y a la vez tan profundos, fueron el modelo ideal de lo que podía ser la literatura y de lo que debía ser un hombre con una vida hecha por y para esa literatura. En aquellos días había leído cada uno de sus libros, varias veces, y otras muchas se había asomado a las ventanas de la casona habanera convertida en museo poco después de la muerte de su propietario, para perseguir el espíritu del hombre entre los pequeños y grandes trofeos de los cuales se rodeó a lo largo de los años.

De todas las excursiones emprendidas a la casa de Hemingway durante aquellos tiempos empeñados en parecer mejores, el Conde recordaba con dolor especial la que organizó con sus amigos del preuniversitario. En su mente sobrevivían aún detalles muy precisos: había sido un sábado, por la mañana, y el punto de cita fue precisamente la escalinata del Pre. El flaco Carlos, cuando todavía era flaco; Dulcita, que era la novia del Flaco; Andrés, que era un buen pelotero y ya soñaba con ser médico y no soñaba siquiera con la posibilidad de que alguna vez decidiría irse de Cuba; el Conejo, con su manía de reescribir la historia; Candito el Rojo, con su afro azafranado y reluciente, dueño ya de la sabiduría vital que le hizo llevar dos litros de ron en la mochila; y Tamara, tan hermosa que dolía, convertida ya en el amor de la vida y de la muerte de Mario Conde. Sus viejos y mejores amigos fueron la corte del aprendiz de escritor en aquella peregrinación y todavía él disfrutaba rememorando el asombro de Tamara por la belleza del lugar, la alegría de Andrés por la vista de La Habana que se obtenía desde la torre de la casa, el disgusto del Conejo por la cantidad de trofeos de caza colgados de las paredes, y la admiración de Candito el Rojo al ver que un solo hombre podía tener tanta casa cuando él tenía tan poca. Y también recordaba, con dolor y alegría, la nada misteriosa desaparición de Carlos y Dulcita, quienes media hora después de separarse del grupo brotaron de un matorral felices y sonrientes, recién cumplida la que entonces era su primera misión en la vida: templar siempre que hubiera un chance. Fue una mañana hermosa y el Conde, impertinente y enterado, adorador a fondo del escritor, sentó a sus amigos alrededor de la piscina y, haciendo circular las botellas de ron, les leyó completo «El gran río de los dos corazones», su preferido entre todos los cuentos de Hemingway.

Mientras ascendía el camino sombreado por el tupido follaje de palmas, ceibas, casuarinas y mangos, el Conde trató de despojarse de aquel recuerdo agridulce del cual apenas quedaba la persistencia adolorida de su memoria y la certeza de cómo el tiempo y la vida podían matarlo casi todo, pero sólo consiguió desprenderse de sus tentáculos cuando pudo distinguir al fin la estructura blanca de la casa y de la torre que Mary Hemingway había ordenado construir para que en ella trabajara su marido y que terminó siendo la cueva de los cincuenta y siete gatos contabilizados en la finca. A su izquierda, detrás de la hondonada donde estaba la piscina, trató de entrever algún detalle de la figura del *Pilar*, sacado del agua más de treinta años atrás y convertido también en pieza de museo. La casa, con todas sus puertas y ventanas cerradas, sin turistas ni curiosos ni aprendices de cuentista asomados a la intimidad detenida del escritor, le pareció al Conde un fantasma blanco, salido del mundo de los muertos. Pero apenas la miró un instante, y siguió la estrecha ruta de asfalto hacia la parte alta de la propiedad, de donde le llegaban voces y el murmullo arrítmico de picos y palas empeñados en interrogar a la tierra.

Lo primero que vio fueron las raíces de la manga derribada. Eran como los cabellos de Medusa, hirsutos y agresivos, clamando al cielo inalcanzable de donde le había llegado la muerte y por la cual se había revelado otra muerte. Un poco más allá, en una fosa que ya se extendía varios metros, descubrió las cabezas de tres hombres, sobre las cuales se levantaban el pico y las palas, para que la tierra volara hacia una pequeña montaña oscura que amenazaba tragarse una fuente de donde no brotaba agua hacía miles de años. El Conde se acercó en silencio y reconoció a dos de sus antiguos compañeros policías, Crespo y el Greco, propietarios de las palas y enfrascados en un intenso diálogo, mientras un hombre para él desconocido era el encargado de cavar con el pico.

—La última vez que los vi también estaban en un hueco.

Los hombres, sorprendidos por la voz, se volvieron.

—Pa' su madre —dijo el Greco—, pero mira quién está ahí.

El hombre del pico también había detenido su trabajo y miraba con curiosidad al recién llegado, hacia el cual ya se dirigían sus dos compañeros, luego de soltar sus palas.

—No me digas que volviste —se asombró Crespo, mientras trataba de salir del hoyo. Para ellos los años habían pasado a igual velocidad que para el Conde y ahora eran unos policías cuarentones y con barriga, que quizás deberían estar echados al sol en una playa.

—Ni que yo estuviera loco —dijo el Conde mientras les daba una mano para auxiliarlos en el ascenso.

—¿Cuántos años, Conde? —el Greco lo miraba, como si el Conde también fuera una pieza del museo.

—Una pila. Ni los cuentes.

—Coño, qué bueno verte. Manolo nos dijo...

—¿Y quién es ese que está en el hueco? —preguntó el Conde.

—El cabo Fleites.

—¿Tan viejo y nada más es cabo?

—Imagínate, es cojo y miope. Y escribe poesías, pero agarra unas curdas de apaga y vamos...

—Menos mal que llegó a cabo —dijo el Conde y le hizo un saludo con la mano: si era tan borracho y hasta medio poeta como decían, el cabo Fleites era de los suyos—. ¿Ya encontraron algo?

—Aquí no hay ni cuero, Conde —protestó Crespo.

—¿No me digas que fue a ti al que se le ocurrió esto de abrir más huecos? —lo increpó el Greco.

—Eh, tranquilo ahí: eso es cosa de tu jefe. Yo aquí no mando un carajo...

—Así que Manolito... Buena mierda de jefe.

—A ver, díganme la verdad: ¿quién era mejor jefe, Manolo o yo?

El Greco y Crespo se miraron un instante. Parecían dudar. Fue Crespo quien habló.

—Eso ni se discute, Conde: Manolo es panetela comparado contigo —y los dos rieron.

—Malagradecidos que son...

—Oye, Conde, tú que eres tan sabido y medio escritor... —el Greco le puso una mano sucia en el hombro y miró con sorna hacia el cabo Fleites—, dice acá el colega que un día Jemingüéy le dio dos patadas en el culo a su mujer porque sin pedirle permiso cortó una mata aquí en la finca..., ¿es verdad eso?

—No fueron dos patadas..., fueron tres y un sopapo.

Desde su sitio el cabo Fleites sonrió, orgulloso.

—Ese tipo estaba loco —aseguró Crespo.

—Sí, un poco..., pero no tanto: yo leí un libro muy serio donde se dice que de vez en cuando darle unas patadas por el culo a la mujer de uno es un acto de sanidad matrimonial.

—Para saber eso no hace falta leer —comentó el Greco.

—Bueno, ¿y entonces aquí no aparece nada?

—Después que sacaron todos los huesos, un poco de tela y lo que quedaba de los zapatos, aquí nada más hay piedras y raíces.

—Pero tiene que haber algo más. Tengo ese presentimiento. Miren, aquí me lo siento —y el Conde se tocó debajo de la tetilla izquierda, metiendo los dedos hacia el dolor del presentimiento—. Así que busquen más. Busquen hasta que aparezca algo.

—¿Y si no aparece nada? —la voz del cabo Fleites llegó desde el fondo del hoyo.

—La finca es grande. Algo va a aparecer —fue la respuesta del Conde—. Voy a ver al director del museo, tengo que entrar en la casa... Y por cierto, ¿de dónde sacaron el cartel que pusieron allá fuera?

—De la pizzería del pueblo. Pero es prestado —advirtió el Greco.

—Bueno, los veo cuando terminen el hueco —y el Conde inició la retirada.

—Oye, Conde —le gritó Crespo—, mejor sigue sin ser policía, ¿sabes?

El Conde sonrió y avanzó hacia el antiguo garaje de la finca, donde ahora funcionaba la dirección del museo. El director, un mulato algo más joven que el Conde, se presentó como Juan Tenorio, y resultó ser feo, amable y latoso. El ex policía trató inmediatamente de evitar su verborrea: como buen director, Tenorio quería demostrar cuánto sabía sobre Hemingway, todo lo que conocía sobre Finca Vigía y voluntariamente se propuso para servirle de guía. Del modo más amable y claro que pudo, el Conde rechazó la oferta: aquélla, su primera visita al interior de la casa del escritor, era un problema entre Hemingway y él, y necesitaba dirimirlo con tranquilidad y sin testigos.

—Son las diez... ¿Hasta qué hora puedo estar allá dentro? —le preguntó el Conde, después de obtener las llaves de la casa.

—Bueno, nosotros terminamos a las cuatro. Pero si usted...

—No, yo salgo en un rato. Pero necesito que nadie me moleste. Y no se preocupe, no me voy a robar nada. Gracias.

Y le dio la espalda al director del museo.

El Conde subió los seis escalones que separaban el camino de los autos del rellano sobre el que se elevaba la casa y respiró profundamente. Venció los otros seis pasos que morían en la puerta principal, metió la llave y abrió. Cuando colocó un pie dentro de la casa, sintió que si movía el otro pie ya no tendría posibilidades de retroceso y deseó, en ese instante, cerrar la puerta y largarse de allí.

Pero movió el pie, estiró un brazo y halló un interruptor: encendió la luz de la sala. Ante sus ojos volvió a estar el panorama, tétricamente detenido en el tiempo, de lo que fue una casa en donde vivieron personas, durmieron, comieron, amaron, sufrieron. Pero no sólo por la evidencia de haber sido convertido en un museo aquel sitio tenía un aire definitivamente irreal: la casa de Vigía siempre fue una especie de capilla consagrada, de puesta en escena, hecha a la medida del personaje, más que del hombre. Para empezar, al Conde le resultaba demasiado insultante la existencia de miles de libros y decenas de pinturas y dibujos, dispuestos en amarga competencia con fusiles, balas, lanzas y cuchillos, y con las cabezas inmóviles y acusadoras de algunas víctimas de los actos de hombría del escritor: sus trofeos de caza, cobrados sólo por el placer de matar, por la fabricada sensación de vivir peligrosamente.

Ahora en la casa faltaban muchos de los cuadros, los más valiosos, sacados de Cuba por Mary Welsh; faltaban algunos papeles y cartas que se aseguraba habían sido quemados por la viuda en su último regreso a la finca, apenas muerto el escritor; y faltaban las personas capaces de darle un poco de realidad al lugar: los dueños, los sirvientes, los invitados habituales y los invitados especiales, y algún que otro periodista capaz de traspasar la barrera de *uninvited*, para tener algunos minutos de conversación con el dios vivo de la literatura norteamericana. También faltan los gatos, recordó Conde. Pero sobre todo faltaba luz. El ex policía fue abriendo una por una las ventanas de la casa, comenzando por la sala y llegando hasta la cocina y los baños. El resplandor caliente de la mañana benefició el sitio, el olor de las flores y de la tierra penetró en la casa, y por fin el Conde se preguntó qué buscaba allí. Sabía que no se trataba de alguna pista capaz de aclararle la identidad del muerto aparecido en el patio, y mucho menos la evidencia física de alguna culpabilidad asesina. Buscaba algo más distante, ya perseguido por él alguna vez y que, unos años atrás, había dejado de buscar: la verdad —o quizás la mentira verdadera— de un hombre llamado Ernest Miller Hemingway.

Para comenzar aquel entendimiento difícil, el Conde cometió un sacrilegio museográfico: se descalzó de sus propios zapatos y metió los pies en los viejos mocasines del escritor, varios puntos más grandes que los requeridos por el ex policía. Arrastrando los pies volvió a la sala, encendió un cigarro y se acomodó en la poltrona personal del hombre que se hacía llamar Papa. Cometiendo a gusto y conciencia aquellos actos de profanación que jamás imaginó pudiera realizar, el Conde estudió los óleos con escenas taurinas y, sin proponérselo, recordó cómo su idilio con el escritor había tenido su epílogo con la revelación de ciertas verdades sobre el fin de la vieja amistad entre Hemingway y Dos Passos. En realidad el Conde no había dejado de amar a Hemingway de un solo golpe, cuando entró en posesión de aquella información. La distancia se había ido forjando mientras el romanticismo dejaba espacios al escepticismo y el entonces ídolo literario se le fue convirtiendo en un ser prepotente, violento e incapaz de dar amor a quienes lo amaban; cuando entendió que más de veinte años conviviendo con los cubanos no bastaron para que el artista comprendiera un carajo de la isla; cuando asimiló la dolorosa verdad de que aquel escritor genial era también un hombre despreciable, capaz de traicionar a cada uno de los que lo ayudaron: desde Sherwood Anderson, el hombre que le abrió las puertas de París, hasta «el pobre» Scott Fitzgerald. Pero la copa rebosó cuando supo del modo cruel y sádico en que se había portado con su antiguo camarada y amigo John Dos Passos durante los días de la guerra civil española, cuando Dos insistía en investigar la verdad sobre la muerte de su amigo español José Robles, y Hemingway le restregó en la cara, en medio de una reunión pública, que Robles había sido fusilado por espía y traidor a la causa de la República. Luego, para traspasar todos los límites, con malignidad y alevosía, hizo de Robles el modelo del traidor en *Por quién doblan las campanas*... Aquél había sido el fin de la amistad entre los dos escritores y el inicio de la reconversión política de Dos, cuando éste llegó a saber que Robles, demasiado conocedor de asuntos escabrosos, había sido, como Andreu Nin, una de las primeras víctimas del terror estalinista desatado en España desde 1936 —mientras se celebraban los patéticos procesos de Moscú—, para asegurar la influencia soviética en el bando republicano, al cual Stalin, en una movida de su ajedrez geopolítico, engañaría y abandonaría en manos de los fascistas poco tiempo después, mientras él devoraba su tajada de Polonia y se engullía a las repúblicas bálticas. De aquella historia turbia y lamentable, amplificada por Hemingway, Dos había salido como un cobarde y él como un héroe: la verdad, sin embargo, terminaría por saberse, y con ella se divulgaría hasta qué punto Hemingway y su crédula vanidad fueron instrumentos en manos de los artífices de la propaganda y las ejecuciones estalinistas de aquellos tiempos amargos. Un mal sabor en la boca le subía a Conde cada vez que recordaba aquel episodio tenebroso, y ahora, en medio de tantas cosas compradas, cazadas, recibidas como obsequios por el dueño de aquella casa esplendorosa, capaz de matar de envidia a todos los escritores del mundo, el Conde concluyó que le gustaría encontrar una pista con la mínima posibilidad de conducirlo hacia la culpabilidad de Hemingway: no estaría mal, después de todo, que fuera un vulgar asesino.

La lluvia llegó con el mediodía. Tras las ventanas cerradas y con la luz apagada, el Conde había sentido la agresión del hambre y la molicie del calor estival y se había echado en la cama del cuarto de Mary Welsh a esperar el fin del chaparrón. ¿Cuántas veces se habría hecho el amor en esta cama? ¿Cuántas la habrían profanado algunos de los empleados del museo para sus correrías extramatrimoniales? Su registro del lugar había durado apenas dos horas, pero le bastaron para convencerse de que necesitaba saber mucho más sobre la historia de los huesos hallados si pretendía que alguno de los objetos o papeles allí existentes, dueño cada uno de su propia historia y de un lugar en la historia de Hemingway, le hablara en un lenguaje conocido, de algún modo revelador. La pesquisa, sin embargo, le había confirmado tres sospechas. La primera resultaba previsible: en aquella casa existían algunos libros capaces de alcanzar magníficos precios en los mercados habaneros para los que el Conde trabajaba. Luego, que Hemingway debía de tener algo de masoquista si era cierta la historia de que escribía de pie, con la Royal Arrow portátil sobre un librero, porque escribir –bien lo sabía el Conde– es de por sí bastante difícil como para convertirlo en un reto físico, además de mental. Y, para terminar, que a su masoquismo Hemingway podía agregar algo de sadismo, pues todas aquellas cabezas muertas, diseminadas por las paredes de la casa, arrastraban demasiado sabor a sangre derramada en vano y a violencia por el placer de la violencia como para no sentir cierta repulsión hacia el autor de tanta muerte vana.

Eran cerca de las cuatro cuando los golpes en la puerta lo despertaron y, como un sonámbulo, el Conde fue hasta la sala y se topó con el rostro nervioso del director del museo.

—Pensé que le había pasado algo.
—No, es que me aburrí.
—¿Encontró algo?
—Todavía no sé. ¿Ya escampó?
—Está escampando.
—¿Y los policías?
—Se fueron cuando empezó a llover. Aquello es una laguna.

—¿Usted va para La Habana?

—Sí, para Santos Suárez.

—¿Me adelanta? —se arriesgó el Conde.

Tal como lo temía, Tenorio habló todo el tiempo: en verdad parecía conocer al dedillo la vida cubana de Hemingway y no tenía pudores para presentarse como un admirador irresoluto del escritor. Bueno, para vivir con él y de él, es lo mejor, pensó el Conde y lo dejó hablar, mientras acumulaba las informaciones en su cerebro embotado por la debilidad y el sueño.

—A nosotros, los hemingwayanos cubanos, nos interesa mucho que todo esto quede bien claro. Por lo menos yo estoy seguro de que él no fue...

—¿Los hemingwayanos cubanos? ¿Qué es eso, una logia o un partido?

—Ni una cosa ni la otra: somos gentes a las que nos gusta Hemingway. Y hay de todo: escritores, periodistas, maestros y amas de casa y jubilados.

—¿Y qué hacen los hemingwayanos cubanos?

—Pues nada, leer a Hemingway, estudiarlo, hacer coloquios sobre su vida.

—¿Y quién dirige eso?

—Nadie..., bueno, yo un poco organizo a la gente, pero no los dirige nadie.

—Es la fe por la fe, pero sin curas ni secretarios generales. No está mal eso —admitió el Conde, admirado por la existencia de aquella cofradía de crédulos independientes en un tiempo de incrédulos sindicalizados.

—No es fe, no. Es que era un gran escritor y no el ogro que a veces pintan. Y usted, ¿no es hemingwayano?

El Conde debió meditar un instante antes de responder.

—Lo fui, pero devolví el carnet.

—¿Y es policía o no es policía?

—Tampoco. Es decir, ya tampoco soy policía.

—¿Y entonces qué cosa es? Vaya, si se puede saber.

—Ojalá lo supiera... Por lo pronto estoy seguro de lo que no quiero ser. Y una de las cosas que no quiero ser es policía: he visto demasiada gente volverse hijos de puta cuando su trabajo debía ser joder a los hijos de puta. Además, ¿ha visto usted algo más antiestético que un policía?

—Es verdad —admitió Tenorio luego de pensarlo.

—Y como hemingwayano convencido, ¿qué piensa usted de esta historia?

—Lo que pasó con ese hombre muerto es un misterio. Pero estoy seguro de que Hemingway no lo mató. Lo sé porque he hablado mucho con los viejos que lo conocieron. Hablé mucho con Raúl Villarroy cuando estaba vivo, con Ruperto, el patrón del *Pilar*, y también con Toribio Hernández, el encargado de los gallos de Hemingway...

—¿Toribio el Tuzao? ¿Está vivo todavía? —se extrañó el Conde. Por su cuenta y sus recuerdos, aquel hombre debía de andar por los doscientos años, tal vez más.

—Vivo y cuenta cosas terribles de Hemingway, aunque es un poco mentiroso y dice lo que le parece...

Pues hablando con esa gente me di cuenta de que Hemingway era mejor persona de lo que parecía. A todos ellos él les había hecho algún gran favor en la vida. Y aquí incluyo a muchos de sus amigos. A todos los empleados les había hecho favores muy concretos: a unos les había perdonado faltas graves y los había dejado trabajando en la finca, a otros los ayudó en situaciones difíciles. Y les pagaba muy bien. Por eso casi todo el que trabajaba con él era capaz hasta de matar si Papa se lo pedía.

—¿También de matar?

—Es un decir... —el director comprendió que quizás se había excedido y ajustó la mira de su disparo—. Pero sí, algunos de ellos yo creo que eran capaces de morirse por él.

—Eso suena a Vito Corleone. Te hago un favor y luego eres mi incondicional. Es una manera de comprar a la gente.

—No, la cosa no es así.

—A ver, convénzame...

—Raúl Villarroy. Cuando Hemingway llegó a la Vigía, Raúl era un huérfano mataperros que se estaba muriendo de hambre. Hemingway casi lo adoptó. Le cambió la vida, lo hizo persona, lo ayudó a construir su casa, fue el padrino de su hija..., y claro que Raúl veía por los ojos del patrón. Aunque no era el único. Ruperto todavía lo venera, igual que el gallego Ferrer, el que era su médico. Y el mismo Toribio, con todo lo que diga, hubiera hecho cualquier cosa que Hemingway le pidiera. Y bueno, ¿qué le pareció la casa por dentro?

El Conde miró a la calle, todavía mojada por la lluvia reciente y trató de asimilar el modo en que Hemingway podía manejar la gratitud. Aquella relación de dependencia podía ser el inicio de una trama peligrosa.

—¿Había entrado antes? —insistió Tenorio, negado a irse sin su respuesta.

—No. Todo muy interesante —dijo el Conde para salir del paso.

—Claro, no vio las armas.

—No. ¿Están en la torre, verdad?

—Sí, algunas... ¿Y seguro tampoco vio el blúmer de Ava Gardner?

El Conde sintió un aguijonazo.

—¿El blúmer de quién?

—De Ava Gardner.

—¿Está seguro?

—Segurísimo.

—No, no lo vi. Pero tengo que verlo. Lo más cercano a mirar a una mujer desnuda es ver su ropa interior. Tengo que verlo. ¿De qué color es?

—Negro. Con encajes. Hemingway lo usaba para envolver su revólver calibre 22.

—Tengo que verlo —repitió el Conde, como un personaje hemingwayano, y después de agradecerle toda la ayuda, le pidió a Juan Tenorio que lo dejara en la próxima esquina, sin atreverse a preguntarle cuál de sus padres había cometido el pecado nominal de encasquetarle de por vida aquel sonoro y zorrillesco apelativo.

Al Conde le agradaba caminar por La Habana en aquellas tardes de verano, después de una intensa lluvia. El calor abrumador de la estación solía replegarse hasta el día siguiente y quedaba en el aire un sabor a humedad que lo reconfortaba, como el ron, y le daba fuerzas para enfrentar uno de los grandes dolores de su vida.

En el portal de la casa estaba el flaco Carlos. Aunque ya hacía demasiados años no era flaco, sino una masa adiposa anclada sobre una silla de ruedas, el Conde insistía en llamarlo con el apodo que le asignó desde los viejos días del preuniversitario, cuando Carlos era muy flaco y nadie pensaba que alguna vez volvería inválido de una guerra ajena. Tanto tiempo habían compartido una limpia y verdadera amistad que ya eran más que amigos y mejor que hermanos, y cada noche el Conde lo visitaba para escuchar juntos la misma música que oían desde hacía veinte años, hablar de lo que pudieran hablar, beber lo que hubiera para beber y tragar, con voracidad y alevosía, los platos de asombro salidos de las manos de Josefina, la madre de Carlos.

—¿No te agarró el agua, salvaje? —le preguntó el Flaco al verlo llegar.

—Me agarró algo peor: un blúmer —y le contó la historia del blúmer negro, pletórico de encajes y del recuerdo de los pliegues más apetecibles de la piel magnífica de Ava Gardner, el blúmer que él no había visto en la casa de Hemingway, aunque ya no podía dejar de pensar en él.

—Estás perdiendo cualidades –sentenció Carlos–. Que se te escape un blúmer así...

—Es que ya no soy policía –se defendió el Conde.

—No jodas, bestia, para encontrar un blúmer de Ava Gardner no hace falta ser policía.

—Pero ayuda, ¿no?

—Sí, claro. Pero es que ahora eres un detective privado. ¿Suena extraño, no?

—Más que el carajo –el Conde meditó, para asimilar su nueva condición–. Así que soy un cabrón detective privado. Mira eso...

—¿Y qué más no descubriste, Marlowe?

—Una pila de cosas. Todavía no descubrí quién mató al que mataron, ni quién coño puede ser ese muerto. Pero sí descubrí algo que es triste, solitario y final: quién quiero que sea el asesino.

—Eso lo sabe toda La Habana, Conde... Lo increíble es que antes te gustara tanto.

—Me gustaba cómo escribía.

—¿A mí con ese cuento? También te gustaba el tipo. Decías que era un bárbaro. ¿Te acuerdas del día que nos obligaste a ir a todos a la finca?

—Parece mentira, pero estaba convencido de que era un bárbaro. Aunque todavía hay algunas cosas que lo salvan. No soportaba a los políticos y le gustaban los perros.

—Prefería los gatos.

—Sí, es verdad... Bueno, le gustaban un poco los perros y no resistía a los políticos...

—Oye, ¿no has sabido más nada de Tamara?

El Conde miró hacia la calle. Hacía tres meses Tamara había salido de visita hacia Milán, donde vivía su hermana gemela, casada con un italiano, y cada vez eran más espaciados sus reportes y sus envíos de alguna cuña de parmesano o de un paquete de jamón lasqueado con el que adornar la vida. Aunque el Conde había evitado formalizar cualquier relación con aquella mujer de sus dolores que a los cuarenta y cinco años le seguía gustando como a los dieciocho y cuya ausencia lo lanzaba a una molesta castidad, la sola idea de que Tamara pudiera decidir no volver a Cuba, a los apagones, a la lucha por la comida, a la agresividad callejera y a la dependencia de los dineros, los quesos y las lascas de jamón que periódicamente le enviaba su hermana, le provocaba dolores en el estómago, en el corazón y en otros sitios peores.

—No me hables de eso —dijo, en tono menor.

—Ella vuelve, Conde.

—Sí, porque tú lo dices...

—Estás mal herido, mi socio.

—Estoy muerto.

Carlos movió la cabeza. Lamentaba haber tocado el tema y buscó una salida eficiente.

—Oye, hoy estuve leyendo tus cuentos hemingwayanos. No son tan malos, Conde.

—¿Y tú todavía tienes guardados esos papeles? Me dijiste que los ibas a botar...

—Pero no los boté y no te los voy a dar.

—Menos mal. Porque si los agarro, los destripo. Cada vez estoy más convencido de que Hemingway era una mierda de tipo. Para empezar, no tenía amigos...

—Y eso es grave.

—Gravísimo, Flaco. Tan grave como el hambre que tengo ahora. ¿Se puede saber dónde anda la Maga del Caldero?

—Fue a conseguir aceite de oliva extravirgen para la ensalada...

—Dispara —exigió el Conde.

—Pues mira, la vieja me dijo que hoy la cosa estaba floja. Creo que nada más va a hacer una cazuela de quimbombó con carne de puerco y jamón dentro, arroz blanco, frituras de malanga, ensalada de aguacate, berro y tomate, y de postre mermelada de guayaba con queso blanco..., ah, y va a calentar unos tamales en hoja que quedaron de ayer.

—¿Cuántos tamales dejamos vivos?

—Como diez. Eran más de cuarenta, ¿no?

—¿Dejamos diez? Estamos perdiendo facultades. Antes nos los jamábamos todos, ¿no? Lo jodido es que no tengo un medio para comprar un poco de ron, con la falta que me hace...

El flaco Carlos sonrió. Al Conde le gustaba verlo sonreír: era una de las pocas cosas que todavía le gustaban de la vida. El mundo se estaba deshaciendo, las gentes se cambiaban de partido, de sexo y hasta de raza mientras se iba deshaciendo el mundo, su propio país cada vez le resultaba más ajeno y desconocido, también mientras se iba deshaciendo, la gente se iba sin decir ni adiós, pero a pesar de los dolores y las pérdidas, el flaco Carlos conservaba intacta la capacidad de sonreír, y hasta de asegurar:

—Pero tú y yo no somos como Hemingway y sí tenemos amigos... Buenos amigos. Ve a mi cuarto y agarra el litro que está al lado de la grabadora. ¿Tú sabes quién me lo regaló? Candito el Rojo. Como es cristiano y ya no toma, me trajo el que le dieron por la libreta: un ron Santa Cruz que...

El Flaco dejó de hablar ante la evidencia de que su amigo ya no lo escuchaba. Como un desesperado Conde había entrado en la casa, de donde ya volvía con un pedazo de pan viejo entre los dientes, dos vasos en una mano y la botella de ron en la otra.

—¿Sabes lo que acabo de descubrir? —dijo, sin soltar el pan.

—No, ¿qué cosa? —preguntó el Flaco mientras recibía su vaso.

—En la ventana del baño hay un blúmer de la vieja Jose... ¡Y que yo no haya visto el blúmer de Ava Gardner!

Observó la botella de Chianti como se mira a un enemigo: de su interior se negaba a salir el vino, y la copa también estaba vacía. Lentamente depositó en el suelo la copa y la botella y se reclinó otra vez en su butaca. Sintió la tentación de mirar el reloj, pero se contuvo. Sin ver la hora se lo quitó de la muñeca y lo dejó caer entre la copa y la botella, sobre la mullida alfombra de fibras filipinas. Por esa noche no habría más disciplinas ni limitaciones. Haría algunas de las cosas que le gustaba hacer y, para empezar, comenzó a disfrutar del enervante placer de pasarse la uña por la nariz, para desprenderse de la piel aquellas escamas blancas capaces de horrorizar a Miss Mary. Es un cáncer benigno, solía decir él, pues padecía de aquel cloasma melánico desde los tiempos en que se expuso demasiado al sol del trópico, mientras comandaba la expedición del *Pilar* en busca de los submarinos nazis que también infestaban las aguas cálidas del Caribe con su carga de odio y muerte.

En realidad, lo que horrorizaba a su mujer –y él lo sabía– era verlo ejecutar aquella operación de limpieza en público, a veces en la mesa servida. Mucho había luchado Miss Mary por adecentarlo y educarlo. Trató de que no vistiera ropas sucias, de que se bañara todos los días y usara calzoncillos al menos si iba a salir a la calle, intentó que no se peinara delante de las gentes para evitar el espectáculo provocado por su abundante caspa y que no lanzara insultos en la lengua de los indios ojibwas de Michigan. Y de modo especial le rogó que no se rascara con las uñas las escamas oscuras de la piel. Pero todo el esfuerzo había sido infructuoso, pues él insistía en resultar chocante y agresivo, para levantar una barrera más entre su personalidad conocida y el resto de los mortales, aunque lo de las escamas nada tenía que ver con sus viejas poses: era la exigencia de un placer surgido desde el inconsciente y por eso lo sorprendía en cualquier momento y lugar.

Su excusa favorita era que demasiadas pérdidas y dolores, algunos no calculados, le había costado ser conocido en todo el mundo por sus proezas y desplantes como para renunciar a ellos en favor de una urbanidad hipócrita y burguesa que tanto despreciaba. Casi trescientas cicatrices llevaba en su cuerpo —más de doscientas recibidas de un solo golpe, cuando lo alcanzó una granada en Fossalta, mientras trasladaba en sus hombros a un soldado herido— y de cada una de ellas podía contar una buena historia, ya no sabía si falsa o verdadera. Su misma cabeza, la última vez que se la rapó, parecía el mapa de un mundo de furia y ardor, marcado por terremotos, ríos y volcanes. De todas las heridas que le hubiera gustado exhibir, sólo una le faltaba: la cornada de un toro, de la cual estuvo realmente cerca en dos ocasiones. Lamentó haber tomado aquel rumbo en sus pensamientos, pues si de algo no quería acordarse era precisamente de los toros, y con ellos de su trabajo y de la maldita revisión de *Muerte en la tarde,* que se negaba a fluir por cauces amables, provocándole una enfermiza añoranza por aquellos días idos, cuando las cosas marchaban tan bien que él lograba reconstruir el campo y pasear por él, y andando entre los árboles salir a los claros del bosque, y subir por una cuesta hasta divisar las lomas, más allá de la ribera del lago. Entonces era posible pasar el brazo por la correa de la mochila, húmeda de sudor, y levantarla y pasar el otro brazo por la otra correa, repartiendo así el peso en la espalda, y sentir las agujas de los pinos debajo de los mocasines al echar a andar por la pendiente hacia el lago, y sentarse al final de la tarde en un claro del bosque y poner una sartén al fuego y hacer que el olor del bacon, friéndose en su propia grasa, se metiera por la nariz de un lector...

Con la presión de la angustia en el pecho decidió que era el momento de ponerse en marcha. Debían de ser más de las once y el vino hacía patente su efecto liberador, su traicionera capacidad de evocación. Se puso de pie y abrió la puerta. En la alfombra de la entrada lo esperaba *Black Dog*, fiel como un perro.

–Me dicen que no has comido y no lo puedo creer –se dirigió al animal, que ya movía la cola. Desde el día, más de trece años atrás, cuando siendo un cachorro lo había recogido en una calle de Cojímar, aquel perro negro, de pelo ensortijado ahora jaspeado con canas blancas, había establecido una amorosa relación de dependencia con su dueño, quien lo distinguía entre los demás perros de la finca–. Ven, vamos a resolver eso...

El animal pareció dudar de la invitación. Miss Mary no los dejaba pasar al interior de la casa, a la cual sí estaban invitados algunos de los gatos, especialmente los de la descendencia del difunto *Boise*, el gato al que más había amado en su larga relación con los felinos.

–Ven, vamos, que la loca no está...

Y chasqueó los dedos para que el animal lo siguiera. Tímidamente al principio, más confiado después, el perro avanzó tras él hasta la cocina. Armado con un cuchillo, comenzó a lasquear el jamón serrano colocado en su soporte. Sabía que *Black Dog* era testarudo y capaz de negarse a comer cualquier cosa, excepto una lasca de jamón serrano. Varias lascas lanzó al aire. Una a una el perro las atrapó y las fue deglutiendo sin apenas masticar.

—Vaya, vaya, el viejo *Black Dog* todavía caza al vuelo. Así estamos mejor, ¿no?... Enseguida nos vamos.

Fue hasta el baño de su habitación y se abrió la portañuela. El chorro de orina demoró en salir y, al hacerlo, le provocó la sensación de estar expulsando arena caliente. Sin sacudirse apenas guardó el miembro flácido y caminó hasta su mesa de trabajo. De la gaveta superior, donde también guardaba recibos y cheques, tomó el revólver calibre 22 que siempre lo acompañaba en sus recorridos por la finca. Para envolver el arma había escogido un blúmer negro que Ava Gardner olvidó en la casa. El blúmer y el revólver, unidos, le servían para recordar que hubo tiempos mejores, en los cuales meaba con un chorro potente y cristalino. Del suelo levantó la linterna de tres pilas y probó su funcionamiento. Cuando ya salía del cuarto, una imprevisible premonición lo hizo regresar y tomar del estante de las armas de caza la ametralladora Thompson que lo acompañaba desde 1935 y que solía utilizar para matar tiburones. Tres días antes la había limpiado y siempre olvidaba devolverla a su sitio, en el segundo piso de la torre. Era un arma del mismo modelo que la usada por Harry Morgan en *Te-*

ner y no tener, y por Eddy, el amigo y cocinero de Thomas Hudson en *Islas en el Golfo*. Acarició la culata breve, sintió el frío agradable del cañón, y le colocó un cargador completo, como si fuera a la guerra.

Black Dog lo esperaba en el salón. Lo recibió con ladridos de júbilo, exigiéndole prisa. Su mayor alegría era sentirse cerca de su dueño en aquellos patrullajes de los cuales solían estar excluidos los otros dos perros de la finca y, por supuesto, todos los gatos.

—Eres un gran perro —le dijo al animal—. Un gran y buen perro.

Salió por la puerta auxiliar de la sala, abierta hacia la terraza del aljibe construido con azulejos portugueses por el dueño original de la finca. Mientras avanzaba en busca del sendero de la piscina, disfrutó la sensación de saberse armado y protegido. Hacía mucho tiempo que no disparaba la Thompson, quizás desde los días en que con los productores de la película sobre *El viejo y el mar* salió a la corriente del Golfo en busca de una aguja gigante y la usó para ahuyentar a los tiburones. Y ahora no sabía por qué había decidido llevarla en su inocuo recorrido de esa noche, sin imaginar que por el resto de su vida se repetiría aquella pregunta, hasta convertirla en una dolorosa obsesión. Quizás cargó con la ametralladora porque hacía días pensaba en ella y siempre posponía su regreso al almacén de las armas; quizás porque era el arma preferida de Gregory, el más tozudo de sus hijos, del cual apenas tenía noticias desde la muerte de su madre, la amable Pauline; o tal vez porque, desde niño, había sentido una atracción sanguínea por las armas: era algo colocado más allá de todo cálculo, pues comenzó a hacerse patente cuando a los diez años su abuelo Hemingway le había regalado una pequeña escopeta calibre 12, de un solo cañón, que él siempre recordaba como el mejor de los obsequios recibidos en su existencia. Disparar y matar se habían convertido desde entonces en uno de sus actos predilectos, algo casi necesario, a pesar de la máxima paterna de que sólo se mata para comer. Muy pronto olvidó, por supuesto, aquella regla, cuyo dramatismo debió de haber entendido el día en que su padre lo obligó a masticar la carne correosa del puerco espín al cual había disparado por el simple placer de disparar.

Las armas y su función de matar se habían convertido, poco a poco, en una de sus definiciones literarias de la hombría y el coraje: por eso todos sus grandes héroes habían usado un arma y la habían disparado, y a veces contra otras personas. Él, sin embargo, que había matado miles de pájaros, infinidad de tiburones y agujas, y hasta rinocerontes, gacelas, impalas, búfalos, leones y cebras, jamás había matado a un hombre, a pesar de haber estado en tres guerras y otras escaramuzas. Muy desafortunado le resultó hacer circular la historia de que él mismo había lanzado una granada en el sótano donde se escondían unos miembros de la Gestapo que impedían el avance de su tropa de guerrilleros hacia París, pues debió desmentirse a sí mismo ante el Tribunal de Honor al cual lo llevaron los otros corresponsales de guerra, acusado de haber participado en acciones militares bajo la cobertura de periodista. ¿Por qué no sostuvo su mentira si apenas se arriesgaba a perder una credencial que, en realidad, poco le importaba? ¿Por qué declaró en su descargo que había mentido respecto a la granada y los nazis si con su testimonio el único perjudicado era su mito de hombre de acción y de guerra? Pero, sobre todo, ¿por qué no lanzó la granada y mató a aquellos hombres? Aún no lo sabías, muchacho, y te molesta no saberlo.

La lluvia intensa de la tarde había refrescado los árboles y el pasto. La temperatura era agradable, suavizada por la humedad, y, antes de bajar hasta el portón de salida donde Calixto hacía su guardia, se dirigió a la zona de la piscina y bordeó el estanque. Se detuvo ante las tumbas de los antecesores de *Black Dog* y trató de recordar algo del carácter de cada uno de ellos. Todos habían sido buenos perros, en especial *Nerón*, pero ninguno como *Black Dog*.

—Eres el mejor perro que jamás he tenido —le dijo al animal, que se había aproximado al verlo inclinado ante los montículos de tierra, coronados con una pequeña placa de madera que los identificaba.

Se negó a pensar más en la muerte y retomó su camino. Bordeó la piscina hacia la pérgola cubierta de enredaderas floridas donde estaban los vestidores, cuando una hoja seca cayó desde lo alto de un árbol y levantó unas ondas breves en la superficie del agua muerta. Bastó aquella leve ruptura de un equilibrio siempre precario para que brotara de las aguas la imagen fresca y reluciente de Adriana Ivancich nadando bajo la luz de la luna. Duro le había resultado convencerse de la necesidad de apartarse de aquella joven de la cual apenas podría esperar un placer pasajero y un largo sufrimiento: y aunque no era la primera vez que se enamoraba de la persona equivocada, la evidencia de que ahora el error sólo tenía relación con su edad y sus capacidades fue la primera advertencia grave de la proximidad agresiva de su vejez. Y si ya no podía amar, ni cazar, ni beber, ni pelear, casi ni escribir, ¿para qué servía la vida? Acarició el cañón reluciente de la Thompson y miró hacia el mundo silencioso que se extendía a sus pies. Y fue entonces cuando, al otro lado de la pérgola, brillando sobre una loza, la vio.

Cuando pudo discernir que no se trataba de un bombardeo ni de la llegada alevosa de un huracán, empezó a entender que era el segundo despertar tormentoso en apenas dos días.

–Oye, Conde, no tengo toda la mañana para estar en esto –gritaba la voz agresiva, los golpes seguían atronando desde la madera de la puerta.

Tres veces debió pensarlo, otras tres intentarlo, y al fin pudo ponerse de pie. Le dolía una rodilla, el cuello y la cintura. ¿Qué no te duele, Mario Conde?, se preguntó. La cabeza, se respondió agradecido después del registro mental al cual sometió a su pobre anatomía. Su cerebro, extrañamente funcional, le permitió recordar entonces que la noche anterior, cuando tocaban el réquiem por la botella de ron Santa Cruz, había llegado el Conejo con dos litros del alcolifán que fabricaba y vendía Pedro el Vikingo, del cual dieron buena cuenta, mientras devoraban los tamales dejados para el final de la comida, escuchaban la música de los Creedence, siempre de los Creedence, y, por insistencia de Carlos, hasta leyeron uno de los viejos cuentos hemingwayanos del Conde, donde se narraba la historia de un ajuste de cuentas que, de pronto, se convirtió en un nuevo ajuste de cuentas del Conde con sus viejas y más perdidas nostalgias literarias de hemingwayano cubano. Pero ya su resistencia etílica no debía de ser la misma de antes. ¡Qué coño iba a ser!, se dijo, mientras sorteaba los cajones de libros del último lote adquirido y recordaba otros amaneceres nada apacibles, después de noches mucho más turbulentas y húmedas. Por eso abrió la puerta y advirtió:

—Cállate cinco minutos. Cinco minutos. Déjame mear y hacer café.

El teniente Manuel Palacios, acostumbrado a escuchar aquel reclamo, guardó silencio. Con un cigarrillo sin encender entre los dedos observó con preocupación mercantil las cajas repletas de libros dispersas por toda la casa y siguió hacia la cocina. El Conde salió del baño con el pelo y el rostro mojados y preparó el café. Sin hablar, sin mirarse, los hombres esperaron la colada. El Conde se secó un poco la cara con el pullover agujereado con que había dormido y sirvió al fin dos tazas, una grande para él, otra pequeña para Manolo. Empezó a sorber el café caliente: cada trago que bañaba su boca, rodaba por su garganta y caía en la lejanía del estómago, despertaba alguna de sus pocas neuronas dispuestas a trabajar. Al fin encendió un cigarro y miró a su ex compañero.

—¿Viste a *Basura* por allá fuera?

—Allá fuera no —dijo Manolo—, andaba por la esquina con una pandilla, detrás de una perra.

—Hace tres días que no veo a ese cabrón. Me he buscado el perro que me merezco: loco y singón.

—¿Ya puedo hablar?

—Dale. Todo lo que te salga...

—Olvídate de la historia de Hemingway y sigue vendiendo libros. Lo que te traigo aquí es una bomba. Pero una bomba.

—¿Qué pasó?

—El aguacero de ayer ayudó a Crespo y al Greco. Sacó esto de la tierra.

Sobre la mesa dejó caer la bolsa de nailon con una chapa dentro. La chapa tenía adheridos restos de cuero negro. Sobre la superficie oxidada del metal era posible entrever el relieve de unas líneas que formaban un escudo, unos números corroídos e irreconocibles y tres letras alarmantes: FBI.

—¡Coño! —debió admitir el Conde.

El teniente Palacios sonrió, suficiente.

—El tipo se bailó un federal.

—Esto no dice nada... —señaló el Conde la chapa, sin mucho ánimo.

—¿Que no? Mira, esto aclara que el delirio de que el FBI lo perseguía no era por gusto. Hace años se sabe que lo perseguía de verdad y esto le pone la tapa al pomo, Conde. ¿No es una bomba?

Mario Conde apagó su cigarro y tomó el sobre con la chapa metálica.

—Esto quiere decir muchas cosas, pero no todas.

—Ya lo sé, ya lo sé. Hay que averiguar si algún agente del FBI desapareció en Cuba entre el 57 y el 60. Y si es posible, saber qué hacía aquí.

—¿Vigilar a Hemingway? ¿Chantajearlo?

—Puede ser. Y si es...

—¿Y si no fue él quien lo mató, Manolo?

—Pues que se joda. Pero con todas esas papeletas, el premio es suyo. La mierda va a salirle por las orejas...

El Conde se levantó. Abrió la pila del fregadero y volvió a mojarse la cara y el pelo. Sirvió los restos del café y encendió otro cigarro. Pensó entonces que la mejor prueba de cuánto había disminuido su resistencia alcohólica fue haber sentido, mientras le leía al Flaco y al Conejo su viejo cuento hemingwayano, una corriente imprecisa y molesta capaz de poner a temblar sus hasta ese instante sólidos prejuicios contra el maestro, al cual tanto había admirado y por el que, después, se había creído traicionado.

—Déjame decirte una cosa, Manolo... No me quiero apurar, aunque tú sabes que me encantaría descubrir que hubiera sido él. Pero para matar a un hombre hace falta tener cojones, y ahora mismo no estoy seguro de que a él le alcanzaran para eso.

—¿Y esa descarga, Conde? ¿Qué fue lo que tomaste ayer?

—No te me vayas por ahí... Yo no estoy seguro de que fuera él y eso es todo. Vamos a hacer una cosa: guarda esa placa tres días. Dame tres días.

—Ahora sí te volviste loco. Oye, todo el mundo sabe que Hemingway tenía un arsenal en su casa, y averigüé con el director del museo que a cada rato hacía una ronda por la finca con una pistola encima. Si te encuentras con un tipo una noche merodeando tu casa, el tipo se pone comemierda y tienes una pistola arriba..., lo de los cojones sobra. Oye, mejor olvídate de esta historia y vende libros y ponte a escribir a ver si alguna vez terminas una de esas novelas tuyas y te vuelves un escritor de verdad.

El Conde se puso de pie y miró por la ventana. Fuera hacía un día radiante y ya caluroso.

—Así que un escritor de verdad. Ahora soy de mentiritas, ¿no?

—No te hagas el susceptible, que tú me entiendes.

—Y tú también me entiendes a mí. Todavía no tienes las balas. No sabes con qué mataron al federal ese.

—Ya no hace falta.

El Conde sentía una extraña intranquilidad. Todos sus prejuicios y deseos de descubrir la culpabilidad de Hemingway habían caído en el pantano de su memoria y ahora los veía hundirse dramáticamente, ante la enervante certeza de que sus odios no podían ser más fuertes que su arcaico sentido de la justicia y la comprobación de que los libros y la figura de Hemingway, a pesar de todo, seguían siendo importantes para otras personas.

—Y acuérdate de que él se pasaba meses fuera de la finca. A lo mejor en ese tiempo...

—¿Pero qué coño te pasa a ti? ¿Con qué se te ablandó el corazón de ayer para acá? Para empezar, yo no voy a decir que lo mató él: nada más que en Finca Vigía apareció un muerto y junto con el muerto, esto –y dejó caer una mano sobre la chapa.

–No seas tan policía, Manolo. Le van a caer arriba como buitres. Van a hacer de esta historia un caso político. Eso es lo que más me jode.

–Él solito se lo buscó, ¿no? ¿Él no jugaba a ser guerrillero y a hablar bien de los comunistas? Como lo hacía él era muy fácil: guerrillero con cantimploras de whisky y ginebra en la cintura, comunista con un yate y dinero para vivir como le daba la gana. Ah, Conde, de los hijos de puta que viven como príncipes y hablan de justicia y de igualdad estoy ya hasta los timbales.

–Mira, Manolo –el Conde regresó a la silla y volvió a levantar el sobre con la chapa–, todo lo que tú dices es verdad y tú sabes que en eso pienso lo mismo que tú. Pero si ese muerto llevaba cuarenta años perdido, no pasa nada si tú guardas esta placa tres días. Mantén el museo cerrado y déjame averiguar algunas cosas. Hazlo por mí, no por él... Es un favor.

–¿Tú pidiendo favores? Ahora sí estamos jodidos... No me digas que tienes un presentimiento.

El Conde sonrió por primera vez en el día.

–Ni siquiera tengo eso. Lo que tengo es una deuda conmigo mismo. Yo adoraba a ese hombre y ahora me cae como una patada. Pero la verdad es que no lo conozco. Es más, creo que nadie lo conoce. Déjame averiguar quién era: eso es lo que quiero. A lo mejor entonces sé qué fue lo que pasó.

–Pero yo debo decir algo, los jefes...

—Inventa cualquier cosa de las que yo te enseñé.
—Me vas a embarcar, Mario Conde.
—No..., tú verás que no. Guarda esa chapa y dame tres días. Y mientras, haz una cosa: léete «El gran río de los dos corazones» y dime qué piensas.
—Ya me lo leí hace rato... Por culpa tuya.
—Léetelo otra vez. Hazme caso.
—Está bien, me lo voy a leer, pero no entiendo para qué carajo tú quieres conocer a un hombre que, según tú mismo dices, nadie lo conoció y te cae como una patada en los huevos...

El Conde bostezó y miró a su antiguo colega.
—No sé, por mi madre que no sé... Es que nosotros los escritores de verdad somos así, ¿no?

Podía ser la última de las momias. Un habilidoso embalsamador de faraones debía de haber obrado el milagro de colocarlo sobre el sillón y, con paciencia egipcia, había manipulado cada uno de los pliegues de su piel hasta lograr el efecto de que pareciera tan vivo como muerto. El Conde lo observó durante unos minutos. Centró su atención en la obra maestra conseguida en las manos, donde las cicatrices, las estrías de la piel, las venas y las arrugas armaban un prodigioso entramado. Al fin se atrevió a tocarlo. Lentamente los párpados del anciano se replegaron, como los de un reptil somnoliento, y unos ojos de un azul desvaído retrocedieron ante la agresión de la luz.

—¿Qué pasó? —habló, y el Conde se sorprendió: no tenía voz de viejo.

—Quería hablar con usted, Toribio.

—¿Y quién tú eres?

—A mí no me conoce, pero usted fue amigo de mi abuelo: Rufino el Conde.

El anciano hizo un esfuerzo por sonreír.

—Ese tipo era un peligro..., más tramposo...

—Sí, ya lo sé. Yo mismo lo ayudaba con los gallos.

—Rufino está muerto, ¿verdad?

—Sí, hace años. Después que prohibieron las peleas. Las peleas de gallos eran su vida.

—Y la mía. Es del carajo, hace años que prohibieron las peleas y que todo el mundo está muerto. Yo no sé pa' qué coño yo estoy vivo. Y ahora casi no veo.

—¿Cuántos años tiene usted, Toribio?

—Ciento dos años, tres meses y dieciocho días...

El Conde sonrió. A veces a él se le olvidaba su propia edad. Pero comprendió que todos los días debían de ser importantes para Toribio el Tuzao, porque cada vez más se acercaba al final de una cuenta desbordada. En los recuerdos más remotos del Conde estaba la figura, ya anciana, de Toribio, mientras revisaba un gallo: examinaba las espuelas, extendía las alas, comprobaba la potencia de los músculos de las patas, examinaba las uñas, le abría el pico, le palpaba el cuello, y luego acariciaba con amor al animal destinado a la lucha y la muerte. Su abuelo Rufino, que rara vez dedicaba un elogio a sus adversarios, aseguraba que el Tuzao era uno de los mejores galleros de Cuba. Quizás por esa calidad Hemingway lo había contratado y convertido, por años, en el entrenador exclusivo de sus gallos de lidia.

—¿Cuántos años usted trabajó con Hemingway, Toribio?

—Veintiuno, hasta que murió. Y yo me quedé entonces con sus gallos. Una fortuna. Él me los regaló. Papa lo escribió en su testamento.

—¿Buena gente el Papa?

—Tremendo hijo de puta, pero le gustaban los gallos. Yo le hacía falta, ¿sabe?

—¿Y por qué era tremendo hijo de puta?

Toribio el Tuzao no respondió de inmediato. Parecía pensar su respuesta. El Conde trató de imaginar cómo funcionaba su cerebro preinformático y decimonónico, anterior al cine, los aviones y el bolígrafo.

—Un día se encabronó y le arrancó la cabeza a un gallo que se huyó en una pelea de entrenamiento en la vallita que teníamos en la Vigía. Yo no se lo aguanté y nos tiramos unos piñazos. Yo le di, y él me dio. Le dije que se metiera sus gallos por el culo y que él era un criminal, que eso no se le hacía a un gallo de pelea.

—Pero si se matan peleando, se sacan los ojos..., muchos galleros los sacrifican cuando se quedan ciegos.

—Eso es otra cosa: la pelea es la pelea, y es entre gallos. Y no es lo mismo sacrificar un animal para que no sufra que matarlo por un encabronamiento.

—Eso es verdad. ¿Y qué pasó después?

—Me escribió una carta pidiéndome perdón. Era tan bruto que se le olvidó que yo no sabía leer. Yo lo perdoné y él contrató un maestro que me enseñó a leer. Pero no dejó de ser un hijo de puta.

El Conde sonrió y encendió un cigarro.

—¿Por qué a usted le decían el Tuzao?

—El nombrete me lo pusieron unos galleros cuando yo era un muchacho, allá en mi pueblo. Un día que me pelaron con una máquina de esas de trasquilar caballos que deja el pelo cortico y erizao, y uno de ellos dijo: «Mira, parece un gallo tuzao». Y hasta hoy..., como me pasé la vida metido entre gallos.

—Mi abuelo Rufino lo respetaba como gallero.

—Rufino era de los buenos. Aunque demasiado tramposo. No le gustaba perder.

—Él decía que para jugar, había que salir con ventaja.

—Por eso nunca peleó contra mis gallos. Yo sabía cómo hacía él para untar sus animales. Se ponía la vaselina en el cuello y mientras bañaban y pesaban a los gallos, tu abuelo se pasaba la mano por el cuello, como si le doliera, y luego cuando cogía al gallo, lo dejaba hecho un jabón... El coño'e su madre.

El Conde volvió a sonreír. Le complacía oír aquellas historias de su abuelo. Lo remitían a un mundo perdido que en el territorio libre de su memoria se parecía mucho a la felicidad.

—Y Hemingway ¿sabía de gallos?

—Claro que sabía... Yo lo enseñé —aseguró Toribio y trató de acomodar el esqueleto en el sillón—. Fíjate si sabía que cuando se fue de Cuba para matarse me dijo que cuando terminara el libro de los toreros iba a escribir uno de los galleros. Yo iba a ser el protagonista y él iba a contar las historias de mis mejores gallos.

—Hubiera sido un buen libro.

—Un buen libro, claro —aseveró el anciano.

—¿Y él apostaba duro?

—Sí, duro, era un apostador nato. A los caballos, a los gallos..., y tenía suerte el muy cabrón, casi siempre ganaba. Pero después que ganaba, se emborrachaba y a veces gastaba y regalaba toda la ganancia. No le importaba el dinero, lo que le gustaba era la pelea. Tenía obsesión con las peleas y con el coraje de los gallos. Le encantaba ver que un gallo se quedara ciego de dos espolonazos y siguiera peleando sin ver al contrario. Eso lo volvía como loco.

—Era un tipo raro, ¿no?

—Un hijo de puta, ya se lo dije. Pa' mí que tenía el demonio dentro. Por eso tomaba tanto..., para calmar al demonio.

—Sí, seguro... ¿Y usted vivía en la finca?

—No, ninguno de los que trabajábamos con él vivía en la finca. Ni siquiera Raúl, que siempre estuvo con él y era como la sombra de Papa. A ver: menos Ruperto y yo, todos eran de por allí, de San Francisco. Y Raúl vivía muy cerca, casi a la salida misma de la finca.

—¿Y por las noches él se quedaba solo en la casa?

—Bueno, solo no, con la mujer. Y allí casi siempre había invitados. Pero, al final, cuando Papa ya estaba viejo, a veces ella le decía a Calixto que se quedara de custodio en el portón de abajo o en el bungalow de los garajes.

—¿Un custodio? Yo creía que él mismo hacía un recorrido por la finca antes de acostarse.

—Eso era si no estaba demasiado borracho, ¿no? Pero Miss Mary estaba más tranquila si el custodio estaba allí...

El Conde sintió que algo no encajaba en su esquema: todo era más fácil sin aquel vigilante nocturno del cual nadie le había hablado, ni siquiera el sabihondo de Tenorio. Quizás la memoria de Toribio le fallara en este aspecto. Y por eso insistió.

—¿Y quién era el que se quedaba de custodio en los últimos años de Hemingway?

Toribio abrió un poco más los párpados y trató de reenfocar la figura de su interlocutor. Parecía hacer un esfuerzo supremo.

—¿Tú eres policía o qué coño?

—No, no, no soy policía. Soy escritor. Es un decir...

—Carajo, pues pareces un cabrón policía. Y a mí los policías me caen como una patada en el culo. No los resisto.

—Ni yo tampoco —remató el Conde, sin mucho esfuerzo y sin alejarse demasiado de la verdad.

—Menos mal... Mira, tres días estuve preso por culpa de un policía que me agarró en una pelea clandestina. Hijo'e puta... Como si no hubiera mayimbes del gobierno peleando gallos todavía. A ver, ¿qué me estabas preguntando?

—Sobre el custodio. ¿Quién fue en los últimos años?

—Bueno, al final, final, cuando ellos se fueron y Papa se mató, era un tal Iznaga, un negro grandísimo él, que era primo de Raúl. Pero antes había sido Calixto, que hacía cualquier trabajo en la finca, hasta que un día se fue...

—La gente duraba mucho en la finca, ¿no?

—Cómo no iban a durar, si Papa pagaba bien, pero bien. De allí nadie se quería ir. Un día sacamos la cuenta y él solo mantenía como a treinta gentes...

—¿Y por qué Calixto se fue?

—Por qué no lo sé. Cómo, sí. Una tarde él y Papa estuvieron hablando horas en el último piso de la torre. Como si no quisieran que nadie los oyera. Y después Calixto se fue. Hasta se mudó de San Francisco. Algo gordo tiene que haber pasado entre ellos, porque se conocían desde hacía una pila de años, desde antes que Calixto matara a un tipo y lo metieran preso.

El Conde recibió un temblor que no sentía desde sus tiempos de policía. ¿Será verdad que uno nunca deja de ser policía?, se preguntó, aunque conocía la respuesta: ni policía, ni hijo de puta, ni maricón, ni asesino tienen el privilegio del ex.

—¿Cómo es la historia del muerto ese, Toribio?

Lentamente el anciano tragó saliva mientras se frotaba las manos y sin tener ninguna certeza el Conde tuvo la sensación de que alguien los escuchaba dentro de la casa.

—No sé bien, la verdad, porque Calixto era medio misterioso y tenía un carácter... Lo que se sabía era que había tenido una bronca en un bar y mató a un hombre. Estuvo guardao como quince años, y Papa le dio trabajo cuando salió, porque lo conocía de antes.

—¿Y qué se hizo de Calixto?

—Yo no lo volví a ver. No sé Ruperto. Ruperto era el capitán del barco de Papa y andaba más por La Habana. Yo creo que una vez él me dijo algo de Calixto, pero yo no me acuerdo bien.

—Calixto debe de estar muerto, ¿verdad?

—Seguro que sí, él era más viejo que yo. Así que...

Toribio hizo silencio y el Conde esperó unos instantes. Hablar de tantos muertos no debía de ser agradable para el anciano. Miró sus ojos, perdidos en un pensamiento profundo, y decidió atacar.

—Toribio, allí en la Vigía, alguna vez, así por casualidad, ¿usted oyó hablar algo de un tipo del FBI?

El anciano parpadeó.

—¿De qué?

—De la policía americana. La que se llama efe-be-i...

—Ah, el efebeí, coño. Ya... Pues no, que yo recuerde, no.

—¿Dónde estaba la valla de gallos de la finca?

—Un poco más abajo de la casa, entre la carreterita de los carros y los garajes. Debajo de una mata de mangos...

—¿Una mata vieja, de mangas blancas?

—Sí, esa misma...

—¿Cerca de la fuente?

—Más o menos.

El Conde contuvo la expresión de alegría. Sin saber hacia dónde disparaba había dado en un blanco inesperado.

—Y usted, Toribio, ¿por qué le decía Papa a Hemingway? Si era un hijo de puta, digo...

El viejo sonrió. Tenía unas encías oscuras, moteadas de blanco.

—Era el tipo más raro del mundo. Meaba en el jardín, se tiraba peos dondequiera. A veces se ponía así, como a pensar, y se iba sacando los mocos con los dedos, y los hacía bolitas. No resistía que le dijeran señor. Pero pagaba más que los otros americanos ricos, y exigía que le dijeran Papa..., decía que él era el papá de todo el mundo.

—¿Qué favores le debía usted a Hemingway?

—¿Favores? Ninguno: yo trabajaba bien, y él me pagaba bien, y ahí se acabó la historia. Él decía que era el mejor escritor del mundo y debía tener al mejor gallero del mundo. Por eso fue que me pidió perdón después de la bronca.

—¿Entre todos ustedes quién era el hombre de confianza de Hemingway?

—Raúl, eso ni se discute. Si Papa le pedía que le limpiara el culo, Raúl se lo limpiaba.

Un levísimo sonido, al otro lado de la pared, le confirmó al Conde su sospecha de que alguien los escuchaba, pero no se sintió con la potestad de asomarse a la puerta. ¿A quién de la familia de Toribio podía interesarle aquella conversación, llena de tópicos seguramente repetidos por el anciano millones de veces? Conde no tenía la menor idea y por eso prosiguió, con la atención dividida entre Toribio y el posible escuchador furtivo.

—¿Usted la pasó bien en la finca?

—Después de la bronca, sí. Él supo que yo era un hombre y me respetaba... Además, uno allí veía cosas que alegran la vida.

—¿Qué cosas?

—Muchas..., pero la que no se me olvida es la mañana que vi a la artista americana esa amiga de él, que venía a cada rato a la finca...

—¿Marlene Dietrich?

—Una americana jovencita...

—¿Ava Gardner?

—Mira, él le decía «mi hija» y yo le decía la Gallega, porque era blanquísima y tenía el pelo negro. Y un día la vi bañarse encuera en la piscina. Él y ella, encueros los dos. Yo estaba buscando hierba seca para un nidal y me quedé como una piedra. La Gallega se paró en el bordecito de la piscina y empezó a quitarse toda la ropa. Hasta que se quedó en blúmer. Y así empezó a hablar con él, que estaba en el agua. Qué par de tetas... Y antes de tirarse, ella se quitó el blúmer. Qué clase de hija tenía el Papa.

—¿Y el blúmer era negro? —el Conde, tratando de desvestir sus recuerdos de Ava Gardner, se olvidó por completo del presunto espía que los escuchaba.

—¿Y cómo tú lo sabes? —preguntó, casi airado, el anciano.

—Es que yo soy escritor. Los escritores sabemos algunas cosas, ¿no? ¿Y estaba buena?

—¿Buena? ¿Qué coño es eso? Más que buena, era un ángel, por mi madre que era un ángel... Aquella piel... Y que Dios me perdone, pero el tolete se me puso a mil: la Gallega así, encuera en pelota, con esa piel suavecita y sus dos tetonas y la pendejera medio rojiza, que brillaba... Aquello era demasiado... Después, cuando ellos empezaron a juguetear en la piscina, yo me fui. Ya eso es otra cosa.

—Sí, otra cosa. ¿Y la señora?

—Miss Mary tenía que saber las locuras de Papa. Una vez él metió en la finca a una princesita italiana que lo tenía loco. Ni pescaba, ni peleaba gallos, ni escribía, ni nada. Se pasaba el día detrás de ella, como un perro ruino, y cuando hablaba con nosotros siempre estaba encabronao... Pero Miss Mary se quedaba callada. Total, vivía como una reina.

El Conde encendió otro cigarro y cerró los ojos: trató de imaginar el *streaptease* de Ava Gardner y sintió temblores en las piernas. Aquella imagen magnífica pronto sería nada: Hemingway muerto, Ava muerta, y el Tuzao camino de la muerte. Y el blúmer negro, ¿sería inmortal?

—Ya me voy, Toribio, pero dígame una cosa... Hemingway, que mató leones y de cuanto hay, hasta gallos, ¿tenía cojones para matar a un hombre?

El viejo se movió inquieto, parpadeó, enfocó otra vez al Conde que se había puesto de pie.

—Mira, tú serás escritor, pero también eres policía. A mí tú no me jodes... De todas maneras voy a responderte. No, yo creo que no: lo suyo era mucha gritería, mucha guapería con los animales, y mucha pantalla para que la gente se creyera que él era un timbalú.

Conde sonrió y, tratando de no hacer ruido, dio tres pasos y se asomó por la puerta de la casa. La pequeña sala estaba vacía. ¿Habría imaginado que alguien los escuchaba?

—¿Y de verdad era un hijo de puta?
—De verdad lo era. Un hombre que mata así por gusto un gallo de pelea tiene que ser un hijo de puta. Eso no se discute.

Se terció la Thompson a la espalda y, venciendo la rigidez de sus articulaciones, se puso de rodillas y la recogió. Aunque ya imaginaba lo que era, la iluminó con la linterna. El escudo, la hilera de números y las tres letras brillaron sobre la chapa de metal plateado, sostenida contra una pieza de cuero. Como un animal advertido por el olor del peligro, miró en derredor y recordó lo que le había comentado Raúl sobre el nerviosismo de *Black Dog*. ¿Había estado allí un agente del FBI? ¿De qué otro modo pudo llegar aquella placa hasta ese sitio, tan cerca de la casa, tan lejos de la entrada? ¿Otra vez lo estaban vigilando esos hijos de puta? Él sabía que los federales lo tenían en sus listas desde la guerra de España y, sobre todo, desde que organizara con su yate la operación de cacería de submarinos nazis en las costas de Cuba, cuando había estado a punto de descubrir de quién y por qué sitio de la isla los alemanes recibían combustible y, precisamente los federales, habían decretado el fin de la operación, alegando que sus informes eran vagos y que gastaba demasiada gasolina. Sabía, también, que Edgar Hoover había intentado acusarlo de comunista en los días de las purgas de McCarthy, pero alguien lo había disuadido, pues era mejor dejar fuera de la persecución de comunistas y afines a un mito americano como él. Pero aquella chapa, en su propiedad, le sonaba a advertencia. ¿De qué?

Levantó la vista y observó, a lo lejos, las luces de La Habana, extendidas hacia el océano, presentido en la distancia como una mancha oscura. Era una ciudad inabarcable y profunda, empeñada en vivir de espaldas al mar, y de la cual él sólo conocía algunos jirones. Algo sabía de su miseria y de su lujo concomitantes y de proporciones desvergonzadas; mucho de sus bares y sus vallas de gallos, en los que se canalizaban tantas pasiones; bastante de sus pescadores y de su mar, entre los que había gastado incontables días de su vida; y sabía lo indispensable de su dolor y de su vanidad palpitantes. Y nada más: a pesar de los muchos años que llevaba viviendo en aquella ciudad con alma de mujer, que tan amorosamente lo había acogido desde su primera visita. Pero siempre le sucedía igual: jamás había sabido apreciar y casi nunca corresponder el cariño de los que de verdad lo querían. Era una vieja y lamentable limitación, y nada tenía que ver con poses ni con personajes, pues la solía atribuir al huraño modo de ser de sus padres, aquellos personajes cercanos y desconocidos a un tiempo, con sus vidas enfundadas tras un hipócrita puritanismo y a los cuales nunca pudo querer, pues ellos mismos habían estropeado irreversiblemente su capacidad de sentir amor, de un modo simple y natural.

Black Dog ladró y cortó el hilo de sus pensamientos. El perro se desfogaba en el hoyo de la pendiente que se iniciaba al borde de la piscina, casi en el límite de la finca, y lo hacía con una extraña insistencia. Los otros dos perros, recién llegados desde la entrada, se unieron al concierto. Con la vista fija en los linderos de la propiedad, guardó la chapa en el bolsillo de su bermuda y empuñó la ametralladora. Ven a buscar tu chapa, cabrón, te voy a dejar seco, musitó, mientras descendía la pendiente y le silbaba al animal. Los ladridos cesaron y *Black Dog* reapareció moviendo la cola, aunque gruñendo.

—¿Qué pasa, viejo, lo viste? —le preguntó, mientras observaba la hierba pisoteada a ambos lados de la cerca—. Ya sé que eres un perro vigilante y feroz... Pero creo que ahora aquí no hay nadie. El maricón se fue. Vamos a ver a Calixto.

Regresó a la piscina y tomó el atajo que, entre las casuarinas, conducía hacia el camino principal de la Vigía y evitaba el largo rodeo que debían hacer los autos.

Bajo aquellos orgullosos y nobles árboles se estaba bien. Eran como fieles amigos: se habían conocido en 1941, cuando él y Martha vinieron por primera vez a la finca y él decidió comprarla, convencido ya de que La Habana era un buen sitio para escribir y aquella finca, tan lejos y tan cerca de la ciudad, parecía, más que bueno, ideal. Y de verdad lo había sido. Por eso le había preocupado tanto el destino de aquellos árboles mientras él desembarcaba en Normandía, en 1944, y recibió la noticia de que un ciclón asolador había atravesado La Habana. Cuando volvió, al año siguiente, y comprobó que casi todos sus silenciosos camaradas seguían en pie, pudo respirar tranquilo. Porque aquel lugar, bueno para escribir, también podía ser un buen sitio para morir, cuando llegara el momento de morir. Pero sin sus viejos árboles, la finca no valía nada.

Pensar otra vez en la muerte lo distrajo de su hallazgo. ¿Por qué coño piensas ahora en la muerte?, se preguntó y recordó que ya tenía a su favor la experiencia, tan exclusiva, de haber muerto para el resto del mundo, cuando su avión se estrelló cerca del lago Victoria, durante su último safari africano. Como el personaje de Molière, tuvo entonces la ocasión de saber lo que pensaban de él muchas de las personas a quienes conocía. No fue agradable leer las esquelas publicadas en varios periódicos y comprobar cómo eran muchas más de las previsibles las gentes que no lo querían, sobre todo en su propio país. Pero asumió aquellas reacciones malvadas como un reflujo inevitable de su relación con el mundo y como reflejo de una vieja costumbre humana: no perdonar el éxito ajeno. Al fin y al cabo, aquella falsa muerte le reportó un sentimiento de libertad con el cual podría vivir hasta su muerte verdadera. Pero el modo en que debía morir se había convertido, desde ese momento, en una de sus obsesiones, sobre todo porque ya había pasado el tiempo de morir joven y también el de hacerlo heroicamente. Y porque su cuerpo lacerado comenzó a flaquear. Desde entonces meaba con dificultad, veía mal y oía peor. Y olvidaba cosas bien aprendidas. Y la hipertensión lo atormentaba. Y debía hacer dieta de comida y de alcohol. Y su vieja afección de la garganta lo perseguía con más saña... En última instancia, la muerte lo aliviaría de restricciones y dolores, le temía mucho menos que a la locura, y sólo le preocupaba su potestad inapelable de interrumpir ciertos trabajos. Por eso, antes de su llegada, él debía volver a una corrida de toros para terminar la maldita reescritura de *Muerte en la tarde,* y quería revisar otra vez *Islas en el Golfo* y terminar la sórdida historia de *El jardín del Edén,* atascada y difusa. También planeaba navegar una vez más entre los cayos de la costa norte cubana, subir hasta Bimini, volver a Cayo Hueso, rodeado de truhanes y de muchas garrafas de ron y whisky. Y le gustaba jugar con la idea de que aún podía hacer un nuevo safari al África, y hasta con la posibilidad de pasar un otoño en París. Demasiadas cosas, tal vez. Porque además debía decidir, antes de la llegada de la muerte, si incineraba o no *París era una fiesta*. Era un libro hermoso y sincero, pero decía cosas demasiado definitivas, las cuales seguramente serían recordadas en el futuro. Una molesta sensación lo había obligado a guardar el manuscrito, a la espera de una luz capaz de aclararle su destino: las prensas o el fuego.

Kitty Cannell, aquella amiga de Hadley, su primera mujer, se lo había gritado una vez en la cara: le asqueaba su capacidad para revolverse contra quienes lo ayudaban, con rencor, con egoísmo, con malignidad y crueldad. Kitty debía de tener razón. Para evocar París y los años de hambre y trabajo y felicidad no tenía que atacar a Gertrude Stein, aunque la vieja insidiosa y marimacho se lo mereciera. Y mucho menos al pobre Scott, aunque tanto le molestara aquella fragilidad suya, su incapacidad para vivir y actuar como un hombre, siempre preocupado por las malas opiniones de la arpía demente de Zelda Fitzgerald sobre el tamaño de su pene. Y ya ni sabía bien por qué había atacado a la vieja Dorothy Parker, al olvidado Louis Bloomfield, al imbécil de Ford Maddox Ford. Sin embargo, bien que se había callado la historia de cómo terminó su amistad con Sherwood Anderson, después que éste le diera las cartas, referencias y direcciones capaces de tenderle puentes hacia aquel París de la posguerra que, precisamente, él necesitaba conocer. Haber escrito aquella mala parodia del viejo maestro, sólo para librarse de los editores de Anderson con quienes había comprometido sus nuevos libros, fue un acto mezquino, aunque bien pagado por sus nuevos editores. Luego, su decisión de que jamás se reeditara *Los torrentes de la primavera* ya no pudo cerrar la herida que, en la espalda, le había causado a un hombre que fue bueno y desinteresado con él.

Diez años atrás, cuando había rechazado el nombramiento como miembro de la Academia Americana de Artes y Letras, su personaje había crecido. Se habló de su rebeldía de siempre, de su iconoclastia perpetua, de su modo natural de vivir y escribir, lejos de las academias y cenáculos, entre una finca de La Habana y una guerra en Europa. Cosas así lo salvaron del fuego macartista al cual quiso lanzarlo el FBI y su jefazo, el abominable Hoover. Lo que nadie imaginó fue que su negativa se debió a la incapacidad que ya sufría de alternar con otros escritores y la imposibilidad de resistir, cerca de él, a hombres como Dos Passos y, sobre todo, a Faulkner. El engreído patriarca del sur lo había agredido sin piedad, por un costado doloroso, pues lo había tildado de cobarde: elegante y displicentemente lo había calificado como *el menos fracasado* de los escritores americanos modernos, pero la razón de su menor fracaso se debía, había dicho el hijo de puta, a su mayor cobardía artística. ¿Él, que había librado el lenguaje americano de toda la retórica eufemística y se había atrevido a hablar de *cojones*, cuando la palabra exacta era *cojones*? ¿Y la cobardía de Scott Fitzgerald, por qué no la mencionaba? ¿Y la de Dos...? Huir de España y de las filas republicanas cuando más lo necesitaba la causa fue el más cobarde de los actos en el terreno donde se prueban los hombres: la guerra. Aquello de colocar la vida de una persona por encima de los intereses de todo un pueblo era una locura, como lo era asegurar que la muerte del traductor Robles era obra de los largos tentáculos de Stalin. Cierto es que Stalin, en nombre de una revolución proletaria de la que se había adueñado, terminó pactando con los nazis, invadió Finlandia y parte de Polonia, mató a generales, científicos y escritores, a miles de campesinos y obreros, envió a los gulags de Siberia a cualquiera que no se plegó a sus designios o simplemente porque no había aplaudido con suficiente vehemencia en cierta ocasión en que se mencionó el nombre del Líder, y también parecía ser tristemente cierto que se había quedado con el oro del tesoro español y con los dineros que muchos —como él mismo— habían ofrendado en todo el mundo para la República española..., pero ¿matar a un insignificante traductor como Robles? La mente febril de aquellos escritores le asqueaba, y por eso había preferido sustituirlos por hombres más simples y verdaderos: pescadores, cazadores, toreros, guerrilleros, con quienes sí se podía hablar de valor y coraje. Además, algo en su interior le impedía reconciliarse sinceramente con los que habían sido sus amigos y luego habían dejado de serlo: por más que tratara, ni su mente ni su corazón se lo permitían, y esa incapacidad de reconciliación era como un castigo a su prepotencia y su fundamentalismo machista en muchos aspectos de la vida.

De cualquier modo, a su lado no quería ni a escritores ni a políticos. Y por eso se negaba, cada vez más, a hablar de literatura. Si alguien le preguntaba sobre sus trabajos apenas decía: «Estoy trabajando bien», o si acaso: «Hoy escribí cuatrocientas palabras». Lo demás no tenía sentido, pues sabía que cuanto más lejos va uno cuando escribe, más solo se queda. Y al final uno aprende que es mejor así y que debe defender esa soledad: hablar de literatura es perder el tiempo, y si uno está solo es mucho mejor, porque así es como se debe trabajar, y porque el tiempo para trabajar resulta cada vez más corto, y si uno lo desperdicia siente que ha cometido un pecado para el cual no hay perdón.

Por eso se había negado a viajar hasta Estocolmo para asistir a una ceremonia tan insulsa y gastada como la de recibir el Premio Nobel. Era una lástima que aquel premio se concediera sin uno solicitarlo y que rechazarlo pudiera considerarse una pose de mal gusto y exagerada: pero fue lo que deseó hacer, pues aparte de los treinta y seis mil dólares tan bienvenidos, no le importaba demasiado tener un galardón que exhibían gentes como Sinclair Lewis y Faulkner, y de haberlo rechazado su aureola de rebelde habría tocado las estrellas. La única satisfacción de aquel premio era contar con los dedos los otros autores que no lo habían recibido: Wolfe, Dos, Caldwell, el pobre Scott, la invertida de Carson McCullers, esa hiperbólica sureña capaz de exhibir sus preferencias sexuales bajo una gorra de jugador de béisbol. Y también, claro está, el placer de saber que como escritor uno ha tenido la razón. Pero de ahí a comprar un traje de etiqueta y viajar medio mundo nada más que para lanzar un discurso, había un abismo que él no podía saltar. Adujo problemas de salud, debidos a los desastres aéreos sufridos en África, y cuando recibió el cheque y la medalla de oro, pagó deudas, le envió algún dinero a Ezra Pound, recién salido del manicomio, y entregó la medalla a un periodista cubano para que la depositara en la capilla de los Milagros de la Virgen de la Caridad del Cobre: era un buen gesto, al cual se le dio excelente publicidad, y que lo mejoraba con los cubanos, tan noveleros y sentimentales, y también con el más allá, todo de un solo golpe.

—Fue un buen tiro, ¿no es verdad, *Black Dog*?

El perro movió la cola, pero no lo miró. Se tomaba muy en serio su papel de vigilante eficaz. Ahora su atención estaba destinada a una lechuza, que desde lo alto de una palma real lanzaba sus graznidos a la noche. Para los cubanos era un pájaro de mal agüero y él lamentó que fuera tan tarde: con una ráfaga de la Thompson hubieran desaparecido de un golpe todos los augurios posibles, especialmente los malos, y quizás hasta se podría librar de algún intruso del FBI. ¿Qué andarían buscando ahora los hijos de puta aquellos que ya se atrevían a meterse en su propiedad?

Al final del atajo arbolado ya se escuchaba la música. Calixto se hacía acompañar por una radio y por los otros dos perros de la casa durante su guardia nocturna. No entendía aquella capacidad de los cubanos de pasarse horas y horas escuchando música, en especial aquellos boleros lacrimógenos y las rancheras mexicanas que tanto le gustaban a Calixto. En realidad eran muchas las cosas que no entendía de los cubanos.

La vio cuando ya estaba en el borde de la piscina. Vestía una bata fresca y floreada, y llevaba el pelo suelto, caído sobre los hombros. Descubrió que el pelo de la mujer parecía más claro de lo que él recordaba y disfrutó otra vez la belleza perfecta de su cara. Ella dijo algo y él no pudo escuchar o no entendió, quizás por el ruido que hacían sus propios brazos en el agua. Los movía para no hundirse, y los sentía pesados y casi ajenos. Entonces ella se quitó la bata. Debajo no llevaba traje de baño, sino un ajustador y un blúmer, negros, cubiertos de encajes reveladores. La copa del ajustador era provocativa, y él pudo ver, a través del encaje, la aureola rosada del pezón. La erección que sobrevino fue inmediata, inesperada: ya nunca le ocurría de ese modo repentino y vertical, y disfrutó la sensación de rotunda potencia. Ella lo miraba y movía sus labios, pero él seguía sin escucharla. Ahora no le pesaban los brazos y sólo le importaba ver los actos de la mujer y gozar la turgencia de su pene, que apuntaba a su blanco, como un pez espada cargado de malas intenciones: porque estaba desnudo, en el agua. Ella se llevó las manos a la espalda y con admirable habilidad femenina, desenganchó las tiras del sostén y dejó al descubierto sus senos: eran redondos y llenos, coronados con unos pezones de un rosa profundo. Su pene, alborozado, le advirtió a gritos de la prisa que lo desvelaba, y aunque él trató, no pudo llamarla: algo se lo impedía. Logró, sin embargo, apartar la vista de los senos y fijarse en cómo, a través del tejido negro y leve del blúmer, se entreveía una oscuridad más alarmante. Ella ya tenía las manos en las caderas, sus dedos comenzaban a correr hacia abajo la fina tela, los vellos púbicos de la mujer se asomaron, negrísimos y rutilantes, como la cresta de un torbellino que nacía en el ombligo y explotaba entre las piernas, y él no pudo ver más: a pesar de su esfuerzo por contenerse, sintió que se derramaba, a chorros, y percibió el calor de su semen y su olor de un falso dulzor.

—Ay, coño —dijo al fin, y una inesperada conciencia le previno de que todos sus esfuerzos resultarían baldíos, y dejó brotar, soberanamente, los restos de su incontinencia. Al fin abrió los ojos y miró al techo donde giraba el ventilador: pero en su retina conservaba la desnudez de Ava Gardner en el instante de mostrar la avanzada de su monte de Venus. Con pereza bajó la mano para palpar los resultados de aquel viaje a los cielos del deseo: sus dedos encontraron su miembro, todavía endurecido, cubierto por la lava de su erupción, y para completar la satisfacción física que lo embargaba, puso a correr su mano, cubierta del néctar de la vida, sobre la piel tirante del pene, que se arqueó, agradecido como un perro sato, y lanzó al aire un par de disparos más.

—Ay, coño —volvió a decir. El Conde sonrió, relajado. Aquel sueño había sido tan satisfactorio y veraz como un acto de amor bien consumado y no había nada de qué lamentarse, salvo de su brevedad. Porque le hubiera gustado prolongar un par de minutos más aquella orgía y conocer cómo era templarse a Ava Gardner, de pie, contra el borde de una piscina y oírla susurrar a su oído: «Sigue, Papa, sigue», mientras sus manos la aferraban por las nalgas y uno de sus dedos, el más aguerrido y audaz, penetraba por la puerta trasera de aquel castillo encantado.

El sueño lo había sorprendido después de ducharse. Dispuesto a tocar el fondo de aquella historia, había pospuesto su enésima lectura de *El guardián entre el centeno*, la escuálida e inagotable novela de Salinger que, desde hacía varios años, atenazaba su inteligencia y sus envidias literarias, y se decidió en cambio a repasar una vieja biografía de Hemingway adquirida en sus trasiegos mercantiles. Con el libro bajo el brazo abrió todas las ventanas, encendió el ventilador de techo y se tiró desnudo en la cama. Cuando sintió contra sus nalgas el roce de la tela, el recuerdo de Tamara, ausente desde hacía demasiado tiempo, lo atenazó y convirtió su escroto en una fruta arrugada: entre los deseos crecientes de volver a hacer el amor con ella y el miedo de no volver a hacerlo nunca más, había vencido el miedo. ¿Y si Tamara no volvía? La sola idea de perder a la única mujer que no quería perder lo hacía sentirse enfermo. Ya eran muchas las pérdidas sufridas para ahora también resistir aquélla. «No me hagas esa mierda, Tamara», dijo en voz alta y abrió el libro. Quería revivir los años finales del escritor, meterse en sus miedos y obsesiones, hurgar en las razones que le colocaron la escopeta de caza en la boca. Pero apenas leídas unas quince páginas en las que se insistía en el miedo a la locura que por años había arrastrado el escritor, lo asaltó una modorra perniciosa y lo venció el sueño, como si su abstinencia obligatoria y la obsesión por un blúmer negro de Ava Gardner que no había visto, lo obligaran a dormir para entregarle una recompensa inesperada.

Era tal el desastre que debió regresar a la ducha. El agua fría le arrancó suciedades y remanentes del deseo, y lo colocó ante la evidencia de lo que había leído antes de dormirse: el temor enfermizo a la locura y aquel delirio de persecución capaz de asolar la inteligencia de Hemingway en los años finales de su vida, quizás había sido la causa principal de su suicidio. Dos años antes de matarse había comenzado a sentir aquella presencia persecutoria, empecinada en aguijonearlo, y que él solía atribuir a una acción de los federales a partir de ciertas sospechas de evasión de impuestos. La debilidad rampante de aquel argumento reforzaba la tesis de Manolo: porque había algo más, algo que, incluso, era todavía un secreto. En el expediente que el FBI le siguiera a Hemingway desde los días de la Guerra Civil española, y sobre todo desde su aventurera cacería de submarinos alemanes en la operación de inteligencia llamada Crook Factory —más o menos una pandilla de truhanes borrachos, navegando con gasolina gratis en días de racionamiento—, habían sido censuradas quince páginas «por razones de defensa nacional». ¿Qué se sabrían, mutuamente, el FBI y Hemingway?, ¿cuál podía ser aquella información tan dramática, capaz de obligar a unos a guardar eternamente un secreto y al otro a sentirse asediado y perseguido?, ¿tendría que ver con las indagaciones de Hemingway sobre el reabastecimiento de combustible de los submarinos nazis en el Caribe o sería posible que toda la historia girara alrededor de aquel cadáver perdido y una chapa policial enterrada con él? Cada vez más al Conde le parecía que aquella insignia con tres letras era un dedo acusatorio en busca de un pecho al cual apuntar. Pero no se acababa de acomodar en su elucubración el hecho de que la única vez que Hemingway matara a un hombre, ocurriera precisamente con un miembro del FBI y en los predios de su territorio privado.

En calzoncillos, el Conde fue a la cocina, coló café, encendió un cigarro y observó la portada de la biografía, donde un Hemingway todavía sólido y seguro lo miraba desde una ventana de Finca Vigía. «Dime, muchacho, ¿lo mataste o no lo mataste?», le preguntó. Cualquiera que hubiese sido la intervención del escritor en esa muerte, aquél parecía haber sido el principio del terrible desenlace: sintiéndose acosado por el FBI y convencido de que lo acechaban la miseria y hasta un cáncer, el hombre duro flaqueó al fin y, como un pobre tipo cualquiera atacado de psicosis y depresión, cayó en una clínica en la cual, para hacerlo olvidar sus supuestos delirios y sus rampantes obsesiones —por Dios, tembló el Conde: ¿qué cosa es un escritor sin sus obsesiones?—, le aplicaron una tanda de quince electroshocks capaces de calcinar cualquier cerebro, lo llenaron hasta el cuello de ansiolíticos y antidepresivos, lo sometieron a una dieta inhumana e iniciaron su definitivo y brutal desplome. No era extraño que un personaje siempre ufano de sus heridas de guerra y acción escondiera su nombre al ingresar por primera vez en la clínica Mayo: ni un ápice de heroicidad había en aquella estancia hospitalaria, sino la evidencia de una devastación, empeñada en derribar hasta la única fortuna de aquel hombre: su inteligencia.

La sensación de impotencia y desvalimiento que debió de sentir el viejo escritor conmovían al Conde de un modo alarmante. Y pensó: así no da gusto. Era como pelear por la corona contra un *punching bag:* aquel saco inerte podía resistir algunos golpes, muchos quizás, pero era incapaz de responder a la agresión. Al menos para un trance así él prefería al americano grande y sucio, malhablado y borracho, prepotente y bravucón, que mientras se inventaba para sí mismo aventuras épicas, escribía historias de perdedores, afiladas y endurecidas, y ganaba con ellas miles de dólares, buenos para tener yate, finca en La Habana, cacerías en África y vacaciones en París y Venecia. Él quería enfrentarse al dios tronante, y no al anciano enflaquecido, desmemoriado por los electroshocks, a quien se le negaba todo lo que había sido en su vida y hasta lo que más había amado: incluso el alcohol y la literatura. Y con eso no se juega, concluyó el Conde, quien por sus propias afinidades y creencias no podía evitar ser solidario con los escritores, los locos y los borrachos.

Lo peor era que su poca lucidez, atormentada y final, Hemingway la dedicara a reprocharse derrotas y limitaciones. En sus últimas conversaciones de cuerdo asomaba una creciente tristeza por haber fracasado en la construcción de su propio mito, al punto de llegar a pedirle a sus editores, unos años antes, que eliminaran de las cubiertas de sus libros las menciones a sus actos heroicos o aventureros. La cíclica incapacidad sexual que lo agredía en los últimos tiempos también lo atormentaba, sobre todo cuando descubrió que entre Adriana Ivancich y la frustración debía optar por el olvido, y que era preferible ver pasar por su lado, sin lanzarse al ataque, la juventud pelirroja e inquietante de Valerie Damby-Smith... Pero además lo asediaba la culpa de haber preferido siempre la vida a la literatura, la aventura al encierro creador, con lo cual había traicionado su propio ideal de dedicación total a su arte, mientras en el mundo lo celebraban y lo conocían por ser una masa de músculos y cicatrices en perenne exhibición, capaz de posar entre modelos de *Vogue* y anunciar una marca de ginebra, de convertir su casa en viril escala turística para los marines de paso por La Habana, de vivir a la sombra de una fama equivocada y fútil, más propia de una vedette de la violencia en eterno safari que de un hombre dedicado a luchar contra un enemigo tan empecinado e inmune a las balas como son las palabras. Y ahora al campeón le faltaba el valor para resistir la vida en el mundo que él se había creado: al fin y al cabo, él mismo era un perdedor. Entonces empezó a hablar del suicidio, precisamente él, que había estigmatizado la memoria de su padre cuando éste optó por buscar la muerte con sus propias manos. El paladar: el paladar es el punto más débil de la cabeza. Un disparo en el paladar no puede fallar, y con la Mannlicher Schoenauer 256 en la boca comenzó a ensayar su propio final, a darle publicidad antes de su llegada.

En sus años de policía al Conde le gustaba enredarse en casos como éste, donde se sumergía hasta perder la respiración y casi la conciencia, expedientes en los cuales se perdía al extremo de convertirlos en su propia piel. Después de todo, alguna vez había sido un buen policía, a pesar de su aversión por las armas, la violencia, la represión y la potestad otorgada a los de aquel oficio para aplastar y manipular a los otros a través del miedo y los mecanismos macabros de todo aparato de poder. Pero ahora, ya lo sabía, era la caricatura de un cabrón detective privado en un país sin detectives ni privados, o sea, una mala metáfora de una extraña realidad: era, debía admitirlo, un pobre tipo más, viviendo su vida pequeña, en una ciudad llena de tipos corrientes y de existencias anodinas, sin ningún ingrediente poético y cada vez más desprovistas de ilusiones. Por eso la posibilidad siempre latente de no llegar nunca a la verdad ni siquiera le molestaba: a esas alturas parecía ya imposible saber si Hemingway era o no el asesino, y en un sitio recóndito de su cerebro el Conde tenía la certeza de que sólo le importaba saberlo para satisfacer un persistente sentido de la justicia. Todo, en aquella historia, había llegado demasiado tarde, y lo más grave era que el último en llegar había sido él, Mario Conde.

Los ladridos exigentes lo sorprendieron en aquel foso de cavilaciones. Se ajustó el pantalón, mientras gritaba: «Ya voy, viejo», y por fin abrió la puerta de la terraza.

—Buenas tardes, ¿no? Cuánto tiempo sin vernos...

Su perro se había parado en dos patas y se apoyaba en los muslos del Conde, sin dejar de ladrar, solicitando algo más que palabras de reproche. El pelo, originalmente blanco y lacio, parecía una melcocha carmelita, y el Conde sintió su recia consistencia cuando acarició la cabeza y las orejas del animal.

—Por tu madre, *Basura*, estás hecho un asco. Hay amores que matan, ¿sabes?

El perro, agradecido por la caricia, lamió a conciencia la mano de su dueño. Era una vieja costumbre aceptada por el Conde desde la tarde de huracán durante la cual él y *Basura* se encontraron en la calle y concretaron su amor a primera vista, y él decidió llevarlo a su casa. Tal y como habían dispuesto, de mutuo y feliz acuerdo, el Conde haría desde ese día el papel de dueño, alimentaría a *Basura* siempre que fuera posible y lo bañaría cuando ya fuera inevitable (estaban ahora al borde de un momento así), mientras el perro ponía en la relación cariño y agradecimiento, pero no sus cuotas de libertad heredadas en sus genes de sato callejero.

—Sí, eres un buen perro. Un poco descarado, no cuidas un carajo, te me pierdes a cada rato, pero buena gente... Dale, vamos a ver qué hay para ti.

En el refrigerador encontró un poco de arroz, restos de un potaje de chícharos y el fondo de una lata de tronchos de macarela. El Conde vertió todo en la cazuela del perro, lo revolvió y lo sacó a la terraza, otra vez urgido por los ladridos del animal.

—Coño, viejo, espérate. Vaya, y buen provecho.

Satisfecho, el Conde vio comer al perro, que devoró hasta el último grano de arroz. Luego, más calmado, bebió agua y, sin transición, se dejó caer de costado y empezó a dormir.

—Qué tipo más zapatúo... Mañana te veo, tú —dijo el hombre y cerró la puerta.

Vestido y perfumado, como si fuera en busca de una novia, el Conde salió al vapor de la calle. Su proa apuntaba hacia la casa de su amigo, el flaco Carlos, porque necesitaba comunicar sus sueños truncados y sus elucubraciones y además llenar sus tripas, como *Basura*, y no conocía en el mundo mejor oído que el del Flaco y mejor magia gastronómica que la de Josefina, capaz de vencer a golpes de imaginación la dura realidad racionada de una isla rodeada, más que nunca, de agua salada por todas partes.

A pesar del calor, encontró las calles abarrotadas de gentes. Todos parecían atrapados por una ansiedad que se liberaba a través de gritos, gestos violentos, miradas insidiosas. La vida los aguijoneaba y los lanzaba a una guerra cotidiana que se desarrollaba al aire libre y en todos los frentes: mientras unos vendían las cosas más inimaginables, otros compraban, o soñaban comprar; mientras unos expulsaban el último sudor pedaleando en una bicicleta, otros sonreían, frescos, detrás de sus cervezas frías, enlatadas, dolarizadas; mientras éstos salían de la iglesia del barrio, aquéllos abandonaban el garito de juego clandestino... Dos jovencitas, apenas vestidas de negro, pedían un aventón hacia el centro de la ciudad, prestas a iniciar su jornada de trabajo corporal, también dolarizado. Un indigente, al cual le faltaba una pierna, vendía bolsas de nailon, a dos por un peso. Dos muchachos paseaban un perro de pelea, y soñaban con el dinero que ganarían gracias a los dientes del animal. Un negro, fuerte y con el cuello cargado de cadenas de oro con crucifijos y vírgenes del mismo metal que convivían en tranquila armonía con primitivos collares de santería, pateaba la goma desinflada de un ruinoso Oldsmobile de 1954, al tiempo que se cagaba en la madre de alguien... En medio de aquel vértigo el Conde trató de ubicarse a sí mismo y no lo consiguió. La estampa era dolorosamente contemporánea pero a la vez parecía un mal calco de cualquiera de las que pudo haber visto Hemingway en aquella misma ciudad, medio siglo antes. Por primera vez en sus más de cuarenta años de vida Conde sintió que las calles de su barrio le resultaban desconocidas, insultantes, hostiles, que la falta de pintura, cemento y otros ingredientes se le echaba encima a las casas, pero también a su corazón. ¿Hacia dónde vamos, adónde coño hemos llegado...? Aquella realidad devastadora que ahora veía, adormecida por varios años, o fermentada en la oscuridad, entraba en erupción y sus nubes de humo enviaban señales de alarma. No era imprescindible ser policía, detective privado y ni siquiera escritor para darse cuenta de que a nadie, en aquellas calles, debía de importarle si Hemingway había matado o no a un tipo empeñado en joderle la existencia: la vida —y la muerte— andaban por otros rumbos más empedrados y arduos, demasiado alejados de la literatura y de la paz irreal de Finca Vigía.

Black Dog y los otros dos perros se movieron nerviosos y avanzaron hacia los límites de la finca.

—Algo les pasa a estos animales —dijo él.

—No se están tranquilos —confirmó Calixto. Se habían sentado sobre un tronco caído, a la vera del camino que conducía a la casa. Desde allí, a través de los portones de madera, se veía la calle que conducía al pueblo, con sus casas de madera carcomida y sus tejas ennegrecidas por los años de sol y lluvia. Al final, más allá de la bodega de Víctor, se percibía el paso veloz de los autos que transitaban la Carretera Central. Calixto había apagado la radio al advertir la cercanía de su patrón. Sabía cuánto detestaba la música que a él le gustaba.

—¿No has visto nada extraño?

—No, la verdad. Ahorita me asomé por allá atrás... ¿Y tú, Ernesto, viste algo?

—No, pero me encontré esto al lado de la piscina —y sacó del bolsillo de su bermuda la placa del FBI.

—¿Qué es eso?

—Es de la policía americana. No sé cómo cojones llegó hasta allí.

Calixto se movió inquieto.

—¿De la policía americana?

—Tú no has hecho nada, ¿verdad, Calixto?

—No, claro que no. Desde que salí estoy más tranquilo que un niño de teta. Y menos ahora que la cosa está tan mala. No.

—¿Y cómo llegó esta mierda hasta la piscina?

—Yo estoy aquí desde las nueve y diez, y no he visto nada.

—Creo que me están vigilando. Tiene que ser...

—¿Y por eso sacaste el hierro ese? —Calixto indicó la Thompson que, con la culata en la tierra, él sostenía entre sus piernas.

—No. No sé por qué la saqué. Iba a guardarla en la torre...

—Oye, debe ser algún lío con los revolucionarios. A ti nadie te está vigilando, Ernesto. ¿Por qué iban a vigilarte?

—Acuérdate de que ya una vez registraron la casa.

—Pero fueron los policías de aquí, por las armas. Éstos son distintos —Calixto señaló la placa—. ¿Qué será lo que quieren?

—Tampoco lo sé —admitió.

Cada vez eran más las cosas que no sabía o descubría no haber sabido nunca. También notaba con cierta frecuencia cómo se olvidaba de otras que ya sabía. Ferrer Machuca, su médico, le había recetado vitaminas, le había aconsejado suprimir el alcohol y le confesó sonriente: «A veces a mí me pasa lo mismo. Se me olvida cualquier cosa... Es que nos vamos poniendo viejos y estamos demasiado traqueteados».

—Pero hay cosas que no se me olvidan —dijo.

Calixto lo miró y sonrió. Conocía la manera de hablar de su patrón.

—¿Qué cosas?

—Cosas.

No se le olvidaba su primera visita al Floridita, acompañado por su amigo Joe Rusell. Venían de una pesquería desastrosa y sólo querían anegarse en alcohol, y Joe lo llevó al Floridita y allí se encontraron con Calixto, a quien ya conocía por sus frecuentes viajes a Cayo Hueso. Siempre le agradeció a Joe aquella visita, porque su relación con el bar fue como un flechazo: enseguida lo prefirió a otros sitios de La Habana. Entonces el Floridita era un local abierto a la calle, con grandes ventiladores de techo y una preciosa barra de madera oscura para colocar los tragos y apoyar los codos y tirar los dados del cubilete, donde se bebía buen ron y a precios razonables, y se comían unos excelentes camarones, frescos y con sabor a mar. Además, allí se podía saber todo lo que ocurría en la ciudad: las putas y los periodistas que conformaban su clientela habitual se encargaban de poner al día a los otros parroquianos. Escuchando historias de la política local, del contrabando de alcohol y de personas, de las pandillas que actuaban en la ciudad, nació la idea de *Tener y no tener*. Allí, por ejemplo, supo un par de años después que Calixto estaba preso por haber matado a un hombre y lo lamentó, pues aquel contrabandista de alcohol siempre le pareció un buen tipo, capaz de contar excelentes historias. Luego, cuando él se mudó definitivamente a La Habana, se convirtió en habitual del Floridita, como sus amigas putas y sus colegas periodistas, y en honor a todos los tragos allí bebidos y al récord de daiquirís bajados en una jornada, ahora existía una placa de metal brillante dedicada a recordar su fidelidad al bar y su condición de Premio Nobel. En un acto de gratitud por aquel sitio donde se hacía el mejor daiquirí de Cuba, donde un hombre podía beber durante horas sin ser molestado y se podía conversar a salvo de la agresión de esa música sin la cual no podían vivir los cubanos, él había escogido el Floridita como escenario de un largo tramo de *Islas en el Golfo*, una novela dolorosamente autobiográfica que había engavetado al escribir la última página, indeciso entre dejarla tal y como la había concebido, o avanzar un paso más y revelar sus sospechas sobre quiénes en el gobierno cubano llevaban el negocio de venderle combustible a los letales submarinos nazis.

Para él había sido una suerte la existencia de un sitio como el Floridita, pues le había ahorrado la necesidad de buscar otros lugares para conocer lo que quería conocer de La Habana. Allí, y en Cojímar y en San Francisco de Paula estaba todo lo que necesitaba saber de una ciudad: cómo se comía, cómo se bebía, cómo se amaba, cómo se pescaba y cómo se lidiaba con la miseria cotidiana. El resto no le interesaba, pues estaba seguro de que era lo mismo en París, Nueva York o en La Habana. Para empezar, la vida social habanera le parecía vacua y pretenciosa, y desde el principio se negó a participar de ella: no aceptó invitaciones ni admitió en la finca a las luminarias locales. Es más, apenas visitó las casas de sus contados amigos cubanos y se mantuvo al margen de todos los problemas locales que no lo afectaban de manera directa. Los pocos homenajes que había admitido los transformó a su manera, como aquél organizado por unos ricos cerveceros cubanos y al cual sólo consintió asistir si lo acompañaban todos sus amigos pescadores de Cojímar, que esa noche comieron y bebieron hasta el hartazgo gracias a la celebridad de Papa.

Tampoco se había mezclado con los escritores y artistas de la isla, primero porque ya no quería tener más amigos escritores y luego porque la mayoría de los autores cubanos, con un par de excepciones, no le interesaban ni como personas ni como creadores. Su universo de preferencias literarias y culturales ya estaba establecido y el mundillo de los escribas locales podía convertirse en una pesadilla si les daba la posibilidad de entrar en confianza. Demasiado borracho a tiempo completo, demasiado diletante afrancesado, demasiado loco con ínfulas de iluminado insular pululaban por aquel parnaso tropical en el cual, como en todos los parnasos, había más enemigos que amigos, más detractores que admiradores, más envidiosos que compañeros, más tipos que decían ser escritores que personas capaces de escribir, más oportunistas, arrastrados, sanguijuelas e hijos de la grandísima puta, que personas dedicadas honrada y simplemente a sudar la literatura. Lo mismo que en Nueva York y en París. A unos pocos escritores cubanos, en especial al loco de Serpa y al insoportable Novás Calvo, los conocía por sus obras y algunas charlas, pero él se sabía capaz de sacar de Cuba el material literario con el cual deseaba trabajar sin necesidad de compartir ideas y lecturas con sus colegas. Para colmo, conocía de sobra cómo muchos de ellos le criticaban esta actitud de distancia y categoría: unos por envidia, otros por rencor, algunos incluso por haber recibido un desplante. Pero él todavía consideraba que no haber sentido la necesidad de mezclarse con aquel gremio había sido una de sus iluminaciones salvadoras. Al fin y al cabo, uno podía vivir en Cuba sin haber leído a sus escritores, y hasta, sin leerlos jamás, podía llegar a ser el presidente de la República.

—¿Qué tú piensas de mí, Calixto?

El hombre lo miró un instante.

—No te entiendo, Ernesto.

—¿Yo soy un americano prepotente?

—¿Quién dijo esa barbaridad?

Le indignaba que lo hubieran acusado de vivir en Cuba porque resultaba más barato y porque él era como todos los americanos, superficiales y prepotentes, que iban por el mundo comprando con sus dólares lo que estuviera en venta. Pero las últimas cuentas sacadas por Miss Mary demostraban cómo había gastado en la isla casi un millón de dólares en unos veinte años, y él sabía que buena parte de aquel dinero se había ido en pagarle a los treinta y dos cubanos que dependían de él para vivir. En más de una ocasión, para joder a los insidiosos, declaró a la prensa que se sentía como un cubano, que en verdad él era un cubano más, un cubano sato, dijo, tan sato como *Black Dog* y sus otros perros, y remató su juego cuando decidió entregarle a la Virgen de la Caridad del Cobre su medalla de Premio Nobel: ella era la patrona de Cuba y de los pescadores de Cojímar, y nadie mejor para conservar una medalla que tanto le debía a unos hombres simples pero capaces de regalarle la historia de un pescador que llevaba ochenta y cuatro días luchando en la corriente del Golfo sin capturar un pez, porque estaba definitiva y rematadamente salao.

Aunque en verdad hubiera preferido vivir en España, más cerca del vino, de los toros y de los arroyos poblados de truchas, pero el fin nefasto de la Guerra Civil lo había lanzado a la isla, porque si de algo estaba seguro era de que no quería vivir ni bajo una dictadura católico-fascista ni en su propio país, dominado por un conservadurismo cuasi fascista. Cuba resultó una alternativa satisfactoria y le agradecía a la isla haber escrito allí varios de sus libros, y haberle dado historias y personajes para ellos. Pero nada más: el resto era una convención, una transacción, y le molestaba ahora, sólo ahora, haber dicho bajo la euforia de los tragos mentiras tales como que se sentía cubano o que era cubano.

—¿Sabes lo que más lamento?

—¿Qué cosa?

—Llevar tantos años viviendo en Cuba y no haberme enamorado nunca de una cubana.

—No sabes lo que te has perdido —dijo Calixto, categórico y sonrió—. O de lo que te has salvado.

—¿Y a ti te gusta ser cubano, Calixto?

Calixto lo miró, sonrió otra vez y se tornó serio.

—Hoy no te entiendo un carajo, Ernesto.

—No me hagas caso. Hoy no estoy pensando bien.

—No te preocupes, puede ser una mala racha.

—Es que esto me tiene preocupado —y volvió a mostrar la chapa del FBI. Todavía la conservaba en la mano.

—No tienes que preocuparte. Yo estoy aquí. Y Raúl me dijo que más tarde se daba una vuelta...

—Sí, tú y Raúl están aquí. Pero dime algo: ¿es fácil o difícil matar a un hombre?

Calixto se ponía nervioso. Al parecer prefería no hablar de aquel viejo asunto.

—Para mí fue fácil, demasiado fácil. Habíamos bebido como unos locos, el tipo se pasó, sacó un cuchillo y yo le di un tiro. Así de fácil.

—Otra gente dice que es difícil.

—¿Y tú qué piensas? ¿Cómo fue con los que mataste?

—¿Quién te dijo que yo maté a alguien?

—No sé, la gente, o tú mismo... Como has estado en tantas guerras. En las guerras la gente se mata.

—Es verdad —y acarició la Thompson—, pero yo no. He matado mucho, pienso que demasiado, pero nunca a una persona. Aunque creo que soy capaz de hacerlo... Entonces, si alguien viene a joderme, tú serías capaz...

—No me hables de eso, Ernesto.

—¿Por qué?

—Porque tú no te mereces que nadie te joda... y porque tú eres mi amigo y yo voy a defenderte, ¿no? Pero no debe ser bueno morirse en la cárcel.

—No, no debe ser bueno. Olvídate de lo que hablamos.

—Cuando salí de la cárcel me juré dos cosas: que no me volvía a tomar un trago y que no regresaba vivo a una celda.

—¿De verdad no has vuelto a tomar?

—Nunca.

—Pero antes era mejor. Cuando tomabas ron hacías unas historias maravillosas.

—El dueño de las historias aquí eres tú, no yo.

Él lo miró y otra vez se asombró de la oscuridad impoluta del pelo de Calixto.

—Ése es el problema: tengo que contar historias, pero ya no puedo. Siempre tuve una bolsa llena de buenas historias y ahora ando con un saco vacío. Reescribo cosas viejas porque no se me ocurre nada. Estoy jodido, horriblemente jodido. Yo creía que la vejez era otra cosa. ¿Tú te sientes viejo?

—A veces sí, muy viejo —confesó Calixto—. Pero lo que hago entonces es que me pongo a oír música mexicana y me acuerdo que siempre pensé que cuando fuera viejo volvería a Veracruz y viviría allí. Eso me ayuda.

—¿Por qué Veracruz?

—Fue el primer lugar fuera de Cuba que visité. Acá yo oía música mexicana, allá los mexicanos oyen música cubana, y las mujeres son hermosas y se come bien. Pero ya sé que no voy a volver a Veracruz, y me moriré aquí, de viejo, sin tomar un trago más.

—Nunca me habías hablado de Veracruz.

—Nunca habíamos hablado de la vejez.

—Sí, es verdad —admitió él—. Pero siempre hay tiempo para volver a Veracruz... Bueno, mejor me voy a dormir.

—¿Estás durmiendo bien?

—Una mierda. Pero mañana quiero escribir. Aunque no se me ocurra nada, tengo que escribir. Me voy. Escribir es mi Veracruz.

Le sonrió a Calixto y se estrecharon las manos. Luego empleó la ametralladora para auxiliarse. Se puso de pie y miró hacia el interior de la finca. No corría brisa y el silencio era compacto.

—Déjame el hierro, Ernesto.

Calixto también se había puesto de pie, sirviéndose de un pedazo de madera. Él se volvió.

—No —le dijo.

—¿Y si vienen los tipos de la policía?

—Hablamos con ellos. Nadie va a ir a la cárcel y tú menos que nadie.

—Voy a registrar la finca.

—Yo creo que no hace falta. El que dejó esto ya se fue.

—Por si acaso —insistió Calixto.

—Está bien... Pero dame acá ese revólver que te dio mi mujer.

—Pero Ernesto...

—Sin peros —dijo, casi molesto—. Aquí nadie va a ir a la cárcel, y tú menos que nadie. Dame, te dije...

Calixto dudó un instante y le entregó el arma, tomándola por el cañón.

—Ernesto... —inició una protesta mientras él se colocaba el revólver en la cintura de la bermuda.

—Te veo mañana. Vamos, *Black Dog*.

Lentamente, con su paso de viejo, comenzó el ascenso de la breve pendiente que llevaba a la casa. *Black Dog* iba a su lado, imitando su modo de andar. Calixto lo vio alejarse y regresó al portón. Encendió la radio, pero ahora no tenía cabeza para escuchar y disfrutar boleros de Agustín Lara ni las rancheras de José Alfredo Jiménez. Apagó el aparato y observó la noche apacible de la finca. Sentía en su cintura la ausencia del peso del 45.

—Sí, era yo, y claro que me acuerdo. Ésa fue la última vez que vi a Papa.

La mañana todavía era fresca, aunque no corría una gota de brisa. Un muchacho del barrio le había dicho que Ruperto andaba por el embarcadero del río y, luego de preguntarle a dos pescadores, lo halló debajo de un almendro, sentado sobre una piedra, la espalda apoyada en el tronco del árbol y el tabaco enorme e intacto en la boca, con la vista clavada en el bosquecito que se alzaba en la orilla opuesta del río. Si tenía quince años menos que el Tuzao, andaba cerca de los noventa. Sin embargo, parecía mucho más joven, o menos viejo, rectificó el Conde su juicio inicial: un viejo fuerte de ochenta y tantos años, cubierto con un sombrero de jipijapa, obviamente caro y traído de algún lugar lejano.

Después de saludarlo, el Conde le había dicho que necesitaba hablar con él.

—¿Usted quiere entrevistarme? —preguntó el anciano, displicente, sin quitarse el tabaco de la boca.

—No, nada más hablar un poco.

—¿Seguro? —el recelo vino en auxilio de la displicencia.

—Seguro. Mire, vengo desarmado... Yo quiero saber si algo que yo creo que me pasó hace muchos años pudo ocurrir de verdad o si son imaginaciones mías —y le contó su recuerdo del día en que había visto a Hemingway bajar del *Pilar* en la caleta de Cojímar, y despedirse de un hombre que debía de ser el mismo Ruperto.

—Él llegó a mi casa por el mediodía, sin avisar, y desde que lo vi supe que venía extraño, pero conociéndolo como lo conocía, ni le pregunté. Nada más nos saludamos y él me dijo que recogiera, íbamos a salir al mar.

»—¿Cargo con los cordeles y las carnadas? —le pregunté.

»—No, Rupert, vamos a dar una vuelta.

»Él siempre me decía Rupert y yo le decía Papa.

El viejo levantó el brazo e indicó:

—Allí estaba fondeado el *Pilar*.

El Conde siguió la dirección de la mano y vio el mar, el río, unos pocos botes de pesca bastante maltratados por el tiempo.

—¿Cuándo pasó eso, Ruperto?

—El 24 de julio del año 60. Me acuerdo porque al otro día se montó en el avión y no volvió más.

—¿Él sabía que no iba a volver?

—Yo creo que sí. Por lo que me dijo.

»—Estoy jodido, muchacho, y creo que no tiene remedio —dijo Hemingway—. Y tengo miedo de lo que viene.

»—¿Qué es lo que pasa, Papa?

»—Los médicos no quieren, pero me voy a España. Tengo que ver unas corridas de toros para terminar mi libro. Después me van a ingresar en un hospital. Luego no sé qué va a pasar...

»—Pero ir a un hospital no es el fin.

»—Depende, Rupert. Para mí creo que sí.

»—¿Y tú te sientes mal?

»—No jodas, Rupert, ¿tú estás ciego? No ves que me estoy poniendo flaco, que me he vuelto un viejo en unos cuantos años.

»—Es que los dos somos unos viejos.

»—Pero yo más —y sonrió. Pero era una sonrisa triste.

»—No hay que hacerle demasiado caso a los médicos. Ferrer es gallego, y todos los gallegos son unos burros. Por eso casi todos son pescadores —los dos nos reímos, ahora con ganas—. Y cuando te cures, ¿vienes otra vez?

»—Sí, claro que sí. Pero si no me curo, voy a dejar dicho que este barco es tuyo. Alguien te dará la propiedad. La única condición es que no lo vendas mientras tengas un peso para comer. Si las cosas se ponen tan malas, pues véndelo entonces.

»—Yo no quiero nada, Papa.

»—Pero yo sí. Quiero que este barco no lo pilotee más nadie que tú.

»—Si es así me quedo con él.

»—Gracias, Rupert.

—¿Él siempre le hablaba de sus cosas? —preguntó el Conde.

—A veces sí.

—¿Alguna vez le dijo que tenía problemas con el FBI?

—Que yo recuerde, no. Bueno, sí... Se encabronó con ellos cuando nos suspendieron la busca de los submarinos alemanes en el 42. Fue una orden que vino de arriba. Pero después, no.

—¿Y qué más pasó aquel día?

—Salimos mar afuera, apagamos los motores en la corriente, donde a él le gustaba pescar, y Papa se sentó en la popa y se puso a mirar el mar. Ahí fue cuando me dijo que estaba jodido y que tenía miedo. Y yo me asusté un poco, porque Papa no era hombre de miedos. De verdad que no. Como a la hora me pidió volver a Cojímar y me di cuenta de que tenía los ojos colorados. Ahí sí yo me asusté mucho. Nunca me imaginé que un hombre como él pudiera llorar.

»—No te preocupes, es que me emocioné. Estaba recordando lo bien que lo hemos pasado aquí, pescando y bebiendo. Hace treinta años Joe Rusell me descubrió este lugar.

»Cuando llegamos a Cojímar pasó lo que tú viste: fondeamos, él se bajó, y nos abrazamos —recordó Ruperto.

»—Cuídate mucho, Rupert.

»—Vuelve pronto, Papa. Ese mar está lleno de pescados...

—¿A usted le extrañó que él se matara? —el Conde preguntó, mirando a los ojos del viejo pescador.

—No mucho. Ya él no era él, y creo que no le gustaba la persona que era.

El Conde sonrió con la conclusión de Ruperto. Le parecía la más inteligente y precisa que había escuchado o leído sobre el final del escritor. Y comprendió que aun cuando cada día conocía un poco más a Hemingway y sus angustias, los senderos posibles hacia la verdad perseguida permanecían bloqueados. La gratitud de Ruperto era invencible, como la del Tuzao, que hábilmente escondía su amor al patrón tras la afirmación de que era un hijo de puta: pero un hijo de puta que le pagaba bien, le había enseñado a leer y le había dejado una fortuna en gallos de pelea. ¿Eran como ésos los favores que le debían aquellos dos hombres?

—Bonito sombrero —comentó el Conde.

—Me lo mandó Miss Mary con unos americanos que vinieron a entrevistarme. Es un panameño legítimo, mire.

Y le mostró la marca, escondida en el interior del sombrero.

—Alguien me dijo que usted cobraba las entrevistas...

—¿Sabe qué pasa? Son tantos los que vienen a joder que tengo que cobrar las entrevistas.

—Buen negocio ese. Mejor que pescar.

—Y fácil: porque hasta mentiras les digo. Los americanos se creen cualquier cosa.

—¿Hemingway también?

—No, Papa no. A él yo no podía decirle una mentira.

—¿Era buena gente?

—Pa' mí fue como Dios...

—Dice el Tuzao que era un hijo de puta.

—¿Y le dijo que él se robaba los huevos de las gallinas finas de Papa y se los vendía a otros galleros?

Cuando Raúl lo descubrió y se lo dijo a Papa, se cayeron a piñazos y Papa lo botó de la finca. Después Toribio le juró que no se robaba un huevo más, y él lo perdonó.

El Conde sonrió: estaba entre tigres adiestrados, pero tigres al fin y al cabo. Cada cual arreglaba su propio mundo del modo más amable que podía y ocultaba sus deudas. Al menos la de Toribio había salido a la luz. ¿O habría más?

—Raúl hacía cualquier cosa por Hemingway, ¿verdad?

—Sí, cualquier cosa.

—Me hubiera gustado hablar con Raúl... ¿Y Hemingway botó a algún empleado de la finca?

—Sí, a un jardinero que siempre se empeñaba en cortarle las matas y a alguno más... Es que él no resistía que le podaran los árboles. Pero al fin y al cabo, ¿qué es lo que usted quiere saber con tanta preguntadera?

—Algo que usted nunca me va a decir.

—Si quiere que hable mal de Papa, está jodido. Mire, cuando yo trabajé con él, vivía mejor que los otros pescadores, y después que él se murió, gracias a él, todavía vivo bien y hasta uso un jipi panameño. Lo último que puede ser un hombre es malagradecido, ¿sabe?

—Claro que lo sé. Pero es que va a pasar algo grave con Hemingway... En la finca apareció un cadáver. Los huesos de un hombre al que mataron hace cuarenta años. Le dieron dos balazos. Y la policía piensa que fue él. Para colmo, donde estaba el muerto apareció una chapa vieja del FBI. Si se dice que fue Hemingway, lo van a cubrir de mierda. De pies a cabeza.

Ruperto se mantuvo en silencio. Debía de estar procesando la noticia alarmante proporcionada por su extraño interlocutor. Pero su falta de reacción evidente le advirtió al Conde que tal vez ya Ruperto manejaba aquella información.

—¿Y usted qué cosa es?, ¿qué cosa es lo que quiere?

—Como bien se dice, yo soy un comemierda vestido de paisano. Antes fui policía, aunque no menos comemierda. Y ahora trato de ser escritor, aunque no dejo de ser el mismo comemierda y me gano la vida vendiendo libros viejos. Su Papa fue muy importante para mí, hace años, cuando empecé a escribir. Pero después se me destiñó. Me fui enterando de las cosas que le hizo a otras gentes, fui entendiendo el personaje que había montado, y dejó de gustarme. Pero si puedo evitar que le cuelguen una historia que no es suya, voy a hacerlo. No me hace ninguna gracia que jodan a alguien por gusto y creo que a usted tampoco le gustaría. Usted es un hombre inteligente y sabe que un muerto es algo que pesa mucho.

—Sí —dijo Ruperto, y por primera vez se sacó el tabaco de la boca. Lanzó un escupitajo viscoso y marrón que rodó sobre la tierra seca.

—De la gente de confianza en la finca, ¿quién más queda vivo?

—Que yo sepa, Toribio y yo. Ah, y el gallego Ferrer, el médico amigo de él, pero ése vive en España. Volvió cuando se murió Franco.

—¿Y Calixto, el custodio?

—También debe estar muerto. Él era más viejo que yo... Pero desde que se fue de la finca no volví a saber de él.

El Conde encendió un cigarro y miró hacia el mar. Aun debajo del almendro empezaba a sentirse el calor de un día que amenazaba ser infernal.

—¿Calixto se fue o Hemingway lo botó?

—No, él se fue.

—¿Y por qué se fue?

—Eso sí que no lo sé.

—Pero sí sabe la historia de Calixto, ¿verdad?

—Lo que decía la gente. Que tenía un muerto arriba.

—¿Y Hemingway confiaba en él?

—Pienso que sí. Ellos habían sido amigos antes del lío de Calixto con el muerto.

—¿Y nadie sabe dónde fue a dar Calixto cuando se fue de la finca? Seguro que ganaba un buen sueldo.

—Una vez oí decir que se había ido para México. A él le gustaban mucho las cosas de México.

El Conde asimiló cuidadosamente aquella información. De ser cierta podía significar muchas cosas.

—¿Tan lejos? ¿No estaría huyendo de algo?

—Eso yo tampoco lo sé...

—¿Pero seguro sí sabe cuándo se fue?

Ruperto meditó unos instantes. Sólo de verlo pensar el Conde supo que el viejo conocía la fecha, pero hacía otros cálculos más complicados, tal vez más peligrosos. Al fin habló.

—Si no me acuerdo mal, fue a principios de octubre del 58. Lo sé porque unos días después Papa se fue para Estados Unidos a reunirse con Miss Mary, que andaba por allá...

—¿Y qué más recuerda de esa historia?

—Más nada. ¿De qué más me voy a acordar? —protestó, y el Conde lo sintió a la defensiva.

—Ruperto —dijo el Conde y se detuvo. Fumó y pensó un instante sus palabras—. ¿No hay nada más que pueda decirme y me ayude a saber quién es el muerto de Finca Vigía y quién lo mató?

El viejo, otra vez con el tabaco en la boca, lo miró a los ojos.

—No.

—Lástima —dijo mientras se ponía de pie y sentía cómo el óxido de la vida atenazaba sus rodillas—. Está bien, no me diga nada. Pero yo sé que usted sabe cosas. Comemierda y todo como me ve, yo sé que usted sabe cosas y no sé por qué tengo la impresión de que alguien le había dicho lo del muerto que apareció en la finca y de paso le aconsejó que no hablara mucho... Oiga, Ruperto, de verdad que me encanta ese sombrero.

El Conde conocía el proceso: los prejuicios eran como espinas en las manos y las certezas, en cambio, llegaban con un erizamiento en el estómago, punzante y molesto. Pero ambos funcionaban como semillas y, sólo si caían en terreno fértil, podían crecer y convertirse en dolorosos presentimientos. Y ahora el Conde tenía la certeza de que entre el escritor Ernest Hemingway y su viejo conocido Calixto Montenegro, ex contrabandista de alcohol, homicida cumplido y empleado de la Finca Vigía entre 1946 y octubre de 1958, existía algún vínculo oculto, de alguna manera diferente al nexo de dependencia agradecida que el escritor había logrado crear con el resto de sus peones. Y, mientras avanzaba hacia el centro de Cojímar, con la silueta de un vaso de ron en la mirilla, aquella certeza creció y lo sorprendió el dolor: era una herida caliente y agresiva, y aunque llevara ocho años sin sentirla, el Conde la disfrutó en toda su plenitud. Porque al fin lo tenía allí, hundido en el pecho, como una puntilla afilada para rematar toros, y era uno de los más sabrosos presentimientos que jamás hubiera sufrido, pues tenía un origen estrictamente literario.

Con dos estocadas a fondo cumplió el destino manifiesto del trago doble de ron y antes de buscar una guagua con rumbo a La Habana, logró el milagro de encontrar un teléfono público en un estanquillo de periódicos. Más milagroso fue que del primer intento consiguiera comunicar con la Central y que la telefonista lo pusiera con el teniente Palacios.

—¿Qué hubo, Conde? Estaba saliendo.

—Menos mal que te agarré. Me hace falta que antes de irte hagas una llamada.

—A ver, ¿qué te duele?

—Ahora sí tengo un presentimiento, Manolo.

—Pa'l carajo —soltó el otro, pues ya conocía las entretelas del tema.

—Y es de los buenos, creo que de los mejores... Mira, llama a la Biblioteca Nacional y diles que me den todos los libros que yo pida y que lo hagan rápido. Tú sabes cómo se demoran esos cabrones y lo misteriosos que son con algunos libros...

—¿Y qué estás buscando? Digo, si se puede saber...

—Una fecha. Pero luego te cuento.

—Pues mira que yo también tengo cosas que contarte. Ahora voy para una reunión, pero a eso de las dos voy a estar en Finca Vigía. ¿Nos vemos allá?

—Oye, que yo no tengo un motor en el culo.

—Agarra, para que veas si te quiero de verdad o no: a la una y media tienes un carro con chofer en la puerta de la biblioteca —afirmó el teniente—. Hay cosas nuevas, así que nos vemos en la finca. Ah, coño, y no te vayas a robar ningún libro de la biblioteca —y colgó.

En pleno verano, con los estudiantes de vacaciones, la biblioteca respiraba un aire apacible capaz de calmar las ansiedades del Conde. Además, zambullirse entre libros, dispuesto a buscar lo que quizás nadie había buscado en las obras y la vida de Hemingway, le provocaba una agradable sensación, exclusiva de los bibliófilos incurables. En momentos así el Conde disfrutaba con la idea de que los libros podían hablar, cobraban vida y autonomía. Entonces comprendía que su amor por aquellos objetos, gracias a los cuales ahora vivía y de los que a lo largo de los años había obtenido una felicidad diferente a todas las otras modalidades posibles de la felicidad, era una de las cosas más importantes de su vida, en la cual cada vez quedaban menos cosas importantes, y las empezó a contar: la amistad, el café, el cigarro, el ron, hacer el amor de vez en cuando —ay, Tamara, ay, Ava Gardner— y la literatura. Y los libros, claro, sumó al final.

En el mostrador de los pedidos comprobó que había llegado la orden de la dirección de atenderlo en todas sus solicitudes y con la mayor rapidez. Algo parecía funcionar en la isla, pero sólo algo: con sorpresa el Conde descubrió que aun cuando en las fichas de la biblioteca aparecía casi toda la narrativa y el periodismo de Hemingway, apenas existía literatura sobre su vida. No obstante, fichó toda la bibliografía secundaria consignada en inglés y español y pidió que se la trajeran en bloque. Al fin y al cabo su búsqueda tenía un objetivo específico: el mes de octubre de 1958.

Con tres biografías y cuatro estudios críticos delante, el Conde encendió un cigarro, respiró hasta llenarse los pulmones, y se lanzó como un buzo. Empezó por las biografías, buscando en los capítulos finales. Una saltaba del Nobel a la publicación en *Life* de *El verano peligroso*, en 1960, sin detenerse en lo que el escritor hizo en Cuba durante el año 1958. Otra, que incluía muchas fotos, sólo mencionaba la estancia habanera de aquel año. Sin embargo, el Conde se detuvo por varios minutos en las imágenes reproducidas en el tomo, muchas de ellas desconocidas para él, pues mostraban un Hemingway familiar, alejado de los grandes escenarios de la vida: viejas fotos en las cuales aparecía con sus hermanas o con su madre, que insistía en vestirlo como una niña; imágenes de su cotidianidad en Finca Vigía, durante almuerzos, encuentros con sus hijos, gestos de cariño hacia Mary Welsh, los gatos de la casa o la imagen de un perro llamado *Black Dog*, que miraba a la cámara con ojos inteligentes; recuerdos de sus tiempos de felicidad con Hadley y con Pauline, sus dos primeras esposas, madres de sus tres hijos; retratos del viejo patriarca, barbudo y encanecido, al parecer muy cansado, tan semejante al Santa Claus sucio que un día el Conde vio pasar junto a él, en la ensenada de Cojímar, e imágenes de algunos de sus allegados, entre ellos Toribio el Tuzao, Ruperto y el difunto Raúl Villarroy, sonriente entre el escritor y la niña de unos doce años, con largas trenzas, hija de Raúl y ahijada del Papa, según la nota al pie. En aquellas fotos Hemingway resultaba más humano, más persona de lo que nunca había sido para Mario Conde. Pero fue la tercera biografía la que puso sal en la herida: según su autor, a principios de octubre de 1958 Hemingway había interrumpido la redacción de *El jardín del Edén*, aquel viejo e insatisfactorio relato iniciado en los años cuarenta y que ahora trabajaba como novela, y el día 4 abordó un avión rumbo a Estados Unidos, para reunirse allá con su esposa y concretar la compra de los terrenos de Ketchum, donde se levantaría su última casa. Las campanas del presentimiento empezaban a doblar.

Dos de los estudios críticos, editados antes de 1986, cuando se produjo la publicación definitiva de *El jardín del Edén*, apenas mencionaban la existencia de aquel manuscrito todavía desconocido. El tercero hablaba del libro, pero sólo decía que había sido comenzado en París, en 1946, y continuado en La Habana, en 1958, cuando el escritor había pospuesto la revisión y ampliación de *Muerte en la tarde* en espera de asistir a una nueva temporada de toros en España. Según el autor del ensayo, aquéllos parecían haber sido días difíciles para Hemingway, pues sus enfermedades comenzaban a asediarlo y la escritura se le convertía en un ejercicio difícil, casi agónico. Pero fue el otro estudio el que hizo temblar al Conde: al revisar los manuscritos sacados de Cuba por Mary Hemingway, el crítico había descubierto que la última página escrita de aquella novela, que su autor dejaría inédita, estaba fechada en La Habana, el 2 de octubre de 1958, con una anotación ya casi invisible, hecha a mano por el escritor. Las campanas volvían a doblar.

Cuando recobró conciencia de sí mismo y observó el reloj, comprobó que eran las dos y cinco de la tarde. A paso doble llevó los libros al mostrador, dio las gracias a la bibliotecaria y corrió hacia la salida. Un joven vestido de civil limpiaba el parabrisas de un auto que brillaba bajo la luz impertinente del mediodía, mientras la antena de la radio de microondas apuntaba al cielo.

—Yo soy Mario Conde —le dijo.

—Ya me iba —comentó el joven.

—Andando.

Después el Conde sabría que el policía imberbe vestido de civil era el chofer oficial del teniente investigador Manuel Palacios y que Manolo lo había escogido porque era su réplica automovilística, clonada quizás en algún laboratorio especial: aquel loco no sólo era capaz de darle brillo al auto bajo el sol despiadado de las dos de la tarde, sino que podía cubrir el trayecto entre la Biblioteca Nacional y Finca Vigía en apenas veinte minutos, cada uno de los cuales al Conde le resultó horas de agonía y días de vida perdidos.

—¿Estamos apurados? —se atrevió a preguntarle cuando a golpe de claxon y gritos el chofer se abrió paso en la rotonda de la Fuente Luminosa.

—No sé, pero por si acaso... —dijo y hundió el pie en el acelerador.

Cuando abandonó el auto en el parqueo de Finca Vigía, el Conde sintió cómo le temblaban las piernas y una enorme resequedad le quemaba la boca. Por unos segundos se recostó al automóvil, esperando que sus músculos se distendieran y su corazón recobrara su ritmo. Entonces miró al chofer-policía. Había odio, mucho odio en su mirada.

—Me cago en tu madre —le dijo, con una voz que le salió del alma, y avanzó hacia las oficinas del museo.

Decidió regresar a la casa por el camino asfaltado para los vehículos. Sabía que era tres veces más largo que el sendero de las casuarinas, pero el ascenso resultaba menos arduo. Además, no tenía prisa. Entre el vino y aquella chapa policial le habían espantado el sueño y ya presentía que dormiría poco y mal, como solía ocurrirle en los últimos tiempos. *Black Dog*, a su lado, reprodujo en todo el trayecto el paso del hombre, sin ladrar ni alejarse hacia los árboles.

Cuando subía la última pendiente, bordeando los garajes y el bungalow de los invitados, descubrió que, al salir, había dejado abierta la puerta lateral de la sala. ¿O la había cerrado?

Venció los seis escalones de la plataforma de cemento que rodeaba la casa y luego los otros seis que subían hasta la puerta principal. Metió la llave y, desde el umbral, echó una mirada al interior. Las lámparas seguían encendidas; el reloj, la botella y la copa sobre la alfombra de fibras filipinas; la pintura de Miró en la gran pared del comedor y el Juan Gris en su sitio de la sala; la soledad como única presencia visible, moviéndose libremente entre el recuerdo de las noches de abundante alcohol y charla vividas en aquella misma habitación, jornadas muchas veces inauguradas con la descarga de pólvora y algarabía de los dos pequeños cañones de bronce, consagrados a saludar a los huéspedes más especiales. *Black Dog*, en el vano de la puerta, husmeó también hacia el interior de la casa, pero cuando hizo el intento de entrar, él le habló.

–Quieto, *Black Dog*... Está bien por hoy –el animal se detuvo y levantó la mirada hacia su dueño–. Ahí tienes tu alfombra. Cuida bien la casa, porque eres un gran perro –y le acarició la cabeza, tirándole suavemente de las orejas.

Cerró la puerta principal y luego la que conducía a la terraza cubierta con la pérgola. No se explicaba cómo había podido olvidar cerrarla al salir de recorrido. Recriminándose, se acercó al pequeño bar de madera y sirvió dos dedos de ginebra, y los bebió de un golpe, como si tragara un brebaje indeseable, destinado a embotar sus nervios. Apagó varias de las lámparas, pero dejó encendida la más cercana a su habitación para beneficiarse con su resplandor. En ausencia de Miss Mary prefería dormir en su propio cuarto de trabajo para alejar de su mente la sensación de abandono que le provocaba una cama amplia, ocupada sólo a medias. Cuando entró en su cuarto se desprendió de la Thompson y la acomodó junto al viejo bastón de madera de güira, recostándola al librero de la entrada donde había colocado las diversas ediciones de sus obras. Como había decidido devolver la ametralladora a su lugar en la torre, quería tenerla a la vista para no volver a olvidarla.

Más de la mitad de su lecho estaba cubierto con periódicos, revistas, cartas. Tomó la sobrecama por los extremos e hizo un gran bulto que dejó caer entre la cama y la ventana abierta hacia la piscina. Como si fuera al patíbulo, entró en el baño, orinó una espuma pesada y turbia, y se desnudó, dejando caer la camisa y la bermuda entre el bidet y la taza, luego de colocar su revólver del 22 y el calibre 45 sobre el borde del lavabo. Del gancho de madera descolgó el pijama de listas, pero sólo se puso el pantalón. Demasiado calor para la camisa. Como cada noche, se subió sobre la báscula y anotó el resultado en la pared más cercana: *2-oct.-58: 220*. Era el mismo peso de todo ese año, comprobó satisfecho.

Regresó al cuarto y buscó en la gaveta del buró el blúmer negro de Ava Gardner y envolvió el revólver del 22, para acomodarlo en el fondo del primer cajón, entre estuches de balas y un par de puñales de combate. El 45 estorbaría en la gaveta y, luego de pensarlo un instante, fue hasta su ropero y lo dejó caer en el bolsillo de un abrigo. Avanzó al fin hacia la cama, pero se detuvo un instante frente a su fiel Royal portátil, del modelo Arrow. A su lado, presas bajo una piedra de cobre, estaban las últimas páginas escritas de aquella maldita novela que no acababa de cuajar. Con uno de sus lápices afilados anotó la fecha en la última cuartilla revisada: *2-oct.-58*.

Miró la cama, sin decidirse a ocuparla. La sensación agradable de la soledad había desaparecido y una desazón gélida y ubicua le recorría el cuerpo. Toda su vida la había pasado rodeado de gentes a las cuales, de uno u otro modo, había convertido en sus adoradores. Las multitudes eran su medio natural y únicamente había renunciado a ellas en las cuatro actividades que debía hacer solo o, cuando más, con un acompañante: cazar, pescar, amar y escribir, aunque en los años de París había logrado escribir algunos de sus mejores cuentos en cafés, rodeado de gentes, y más de una pesquería de altura se había convertido en una fiesta despreocupada entre las islas del Golfo. Pero el resto de sus acciones podían y debían ser parte del tumulto en el cual se había transformado su existencia desde que, siendo un adolescente, descubrió cuánto le gustaba ser el centro, figurar como líder, dar órdenes en función de jefe. Con una banda de buscadores de exotismo y oficiando de profeta, había asistido a los sanfermines de Pamplona, donde le mostró a Dos Passos el blindaje de sus cojones, cuando se colocó frente a un magnífico toro y se atrevió a tocarle la testa. Con hombres que también lo admiraban participó en las ofensivas republicanas de la guerra de España, recorrió los frentes de lucha para realizar la película *La tierra española* y se hartó de vino, whisky y ginebra en el hotel Florida, escuchando cómo las bombas caían sobre Madrid. Con su grupo de truhanes navegó durante casi todo un año entre los cayos de la costa norte cubana, apenas armados pero bien pertrechados de ron y hielo, mientras se empeñaban en la caza improbable de submarinos alemanes. Con una partida de fogueados guerrilleros franceses y dos cantimploras repletas de whisky y ginebra avanzó hacia las líneas nazis luego del desembarco de Normandía y protagonizó con aquellos maquis curtidos la heroica liberación del hotel Ritz, donde volvió a hartarse de vino, más whisky y más ginebra... La insidiosa Martha Gelhorn, empecinada en contar todo de su vida, hasta sus intimidades, y calificarlo de trabajador pero frío y repetitivo en la cama, decía que aquella necesidad de compañía era una muestra de su homosexualismo latente. La muy puta: ella, capaz de exigir a gritos que le dieran por el culo y le mordieran los pezones hasta hacerla gritar de placer y dolor.

Sentado en la cama miró otra vez hacia la oscuridad de la noche. El calor lo obligaba a dejar la ventana abierta y comprobó que apenas necesitaba dar dos pasos y extender el brazo para alcanzar la Thompson. Pero ni así se sentía seguro. Por eso se puso de pie y fue en busca de su revólver, y lo acomodó en la mesa de noche más cercana al lado de la cama donde solía dormir. Antes de dejarlo, olió la tela negra, pero su perfume femenino original ya había sido vencido por el hedor viril de la grasa y la pólvora. De cualquier forma, era un bello recuerdo de tiempos mejores.

Dejó caer la cabeza en la almohada y sus ojos encuadraron su vieja y querida carabina Mannlicher, medio oculta por la presencia magnífica de la enorme cabeza del búfalo africano abatido en la llanura de Serengeti, durante su primer safari africano, en 1934. Un calor de alivio corrió por su cuerpo al observar otra vez la prodigiosa cabeza del animal cuyo acoso y sacrificio le habían revelado la intensidad paralizante del miedo y la certeza de la capacidad salvadora de poder asumir la levedad de la muerte que le inspiraron «La breve vida feliz de Francis Macomber». Matar, mientras se corre el riesgo de morir, es uno de los aprendizajes de los cuales no puede prescindir un hombre, pensó, y lamentó que la frase, en la exacta formulación ahora lograda, no estuviera incluida en ninguno de sus relatos de caza, muerte y guerra.

Con aquella frase verdadera y hermosa en la mente y la imagen del búfalo africano en la mirada, comenzó a leer en busca del sueño. Un par de días antes había comenzado a hojear aquella novela absurda y disparatada del tal J.D. Salinger que, como único mérito en su vida, tenía el de haber regresado medio loco de la campaña de Francia, donde estuvo como sargento de infantería. La novela contaba las peripecias de un joven malhablado e impertinente, decidido a escapar de su casa, el cual, como un personaje de Twain pero colocado en una moderna ciudad del norte, empieza a descubrir el mundo desde su torcida perspectiva de desquiciado. La historia era más que previsible, desprovista de la epicidad y la grandeza que él reclamaba para la literatura, y sólo seguía leyendo en busca de las misteriosas claves que habían convertido aquel libro absurdo en un éxito de ventas y a su autor en la nueva revelación de la narrativa de su país. Estamos jodidos, se volvió a decir, aunque sin mucha pasión.

No tuvo noción del momento en que, con el libro sobre el pecho y los espejuelos en la cara, cerró los ojos y se quedó dormido. No era un sueño total, porque una luz de conciencia permaneció encendida en su mente, como la lámpara de lectura que no llegó a apagar. Vagando por aquel sitio impreciso entre el sueño y la vigilia, tuvo la sensación de que escuchaba los ladridos remotos y empecinados de *Black Dog*, hasta que pudo abrir los ojos y, en lugar de la cabeza del búfalo africano, encontró ante sí la imagen difusa del hombre que lo observaba.

Conocía aquella cara: la había visto demasiadas veces como para no advertir la socarronería victoriosa que cargaba mientras el ojo derecho, sin anclaje, se movía hacia el tabique nasal.

—Así que tienes algo bueno —dijo Conde, con voz de hombre dispuesto al asombro, y comenzó a caminar junto al teniente Manuel Palacios.

—¿Cómo lo sabes?

—Mírate en un espejo —se detuvo bajo las arecas que formaban una pequeña rotonda frente a la casa y observó a Manolo.

—Creo que ya el muerto está listo para el entierro —anunció el policía mientras se metía una mano en el bolsillo—. Mira esto.

En la palma de la mano de Manolo, vio el plomo. Conservaba manchas de tierra en las estrías y era de un gris oscuro, que al Conde le resultó taciturno.

—La tierra siguió pariendo. Lo encontramos esta mañana.

—¿Uno solo? ¿No le dieron dos tiros?

—A lo mejor el otro le atravesó el cuerpo, ¿no?, y sabe Dios adónde fue a dar...

—Sí, puede ser. Y este plomo, ¿ya saben de qué arma es?

—No estamos seguros, pero dice el cabo Fleites que debe de ser de una ametralladora Thompson. Tú sabes que el tipo es experto en balística, pero lo tienen castigado por curda.

—¿Y ahora castigan a los expertos borrachos? ¿O son los borrachos expertos?

Manolo apenas sonrió.

—Y Hemingway tenía una Thompson. Dice Tenorio que la usó muchas veces para matar tiburones cuando iba de pesquería. Pero eso no es lo mejor: revisamos los inventarios y la Thompson no está entre las armas que se quedaron en la finca, ni estuvo entre las cosas que se llevó la viuda después que el tipo se mató. Por cierto, la dama cargó con todos los cuadros valiosos...

—Y qué tú querías, ¿que también los regalara? Dejó la casa, el barco, todas las mierdas que hay allá dentro.

—¿Se llevó también la Thompson?

—Habría que averiguar, pero yo he visto esa Thompson. No, no se la tragó la tierra.

—Mira, no es mala idea: a lo mejor también está enterrada.

—Cuando alguien quiere que desaparezca un arma no la entierra. La tira en el mar. Y si tiene un yate...

—Vaya, el Conde tan inteligente como siempre —comentó Manolo, con sorna evidente—. Pero ya no importa un carajo dónde se metió la Thompson y creo que vas a tener que guardar en un saco tus presentimientos. Oye esto: en los archivos de la policía especial encontramos un caso de búsqueda de un agente del FBI desaparecido en Cuba en octubre de 1958. El agente, un tal John Kirk, estaba destinado a la embajada americana de La Habana y hacía aquí un trabajo de rutina, nada importante. Al menos eso dijeron sus jefes cuando el hombre se perdió, y debe de ser verdad, porque tenía casi sesenta años y era cojo. El caso es que nunca más se supo de él, porque cuando triunfó la revolución nadie se ocupó de seguir buscándolo.

—¿Por casualidad el cojo John Kirk se perdió el 2 de octubre del 58?

El Conde sabía dar aquellas estocadas y disfrutaba sus malignos resultados: toda la seguridad policiaca de su antiguo subordinado comenzó a derrumbarse mientras su mirada se torcía: Manolo observaba fijo al Conde, con la boca semiabierta, mientras el ojo derecho navegaba a la deriva.

—¡Pero qué coño tú...!

—Eso te pasa por dártelas de caliente conmigo —sonrió el Conde, satisfecho—. Mira, Manolo, ahora me hace falta que me ayudes, porque estoy seguro de que te voy a decir otras cosas interesantes. Llama al director del museo, me hace falta mirar otra vez dentro de la casa. Pero dile que yo pongo una condición: no puede hablar si no le preguntamos, ¿ok?

Manolo, con asombro y admiración, lo siguió con la vista mientras el Conde subía los escalones que conducían a la plataforma y, de espaldas a la casa, se ponía a observar los jardines de la finca, en especial el sitio donde habían aparecido un cadáver, una bala de Thompson, una chapa del FBI y una historia que iba adquiriendo una temperatura peligrosa.

Cuando el teniente regresó, lo acompañaba el director del museo, a quien ya debía haberle transmitido la exigencia del Conde de mantenerse callado. Juan Tenorio no parecía estar contento con su situación y miró al presunto jefe de la operación, que, según sus conocimientos, no era jefe de nada.

—¿Exactamente dónde estaba la valla de gallos? —le preguntó el Conde y el director reaccionó.

—Bueno, sí, allí mismo, por donde apareció el muerto.

—¿Y por qué no lo habían dicho?

—Bueno —repitió Tenorio, también despojado de su seguridad—, no me imaginé...

—Hay que ser más imaginativo, compañero —lo sermoneó el Conde con tono doctrinal, aplicando a su escala la técnica hemingwayana de hacer evidentes los defectos de sus acólitos, para perdonárselos después—. Está bien, ya no importa. Ahora vamos adentro.

El director se adelantó, pero se detuvo al escuchar a Conde.

—Y por cierto, Tenorio, hablando de imaginación..., ¿cuál es su segundo apellido?

El mulato se volvió lentamente, sin duda tocado por el flechazo inesperado del Conde.

—Villarroy... —dijo.

—Nieto de Raúl Villarroy, el hombre de confianza de Hemingway. Tampoco nos lo dijo..., ¿por qué, Tenorio?

—Porque nadie me lo preguntó —soltó su respuesta y reemprendió la marcha hacia la casa y abrió la puerta.

—¿Qué quieres buscar, Conde? —le susurró Manolo, extraviado en las elucubraciones y preguntas con respuestas inesperadas que iba haciendo su antiguo jefe y compañero de investigaciones.

—Quiero saber qué pasó en esta casa el 2 y el 3 de octubre de 1958.

Mientras el director abría las ventanas, el Conde avanzó hacia la estancia de la biblioteca, seguido por Manolo.

—Mira esto —señaló hacia la segunda hilera del estante más cercano a la puerta. Entre *La trampa* de Enrique Serpa y una biografía de Mozart, se destacaba el lomo grueso del libro, rotulado con letras rojas: *The FBI Story*—. Le interesaba el tema, parece que lo leyó más de una vez. Y mira de quién es el prólogo: de su amiguito Hoover, el mismo que lo mandó a vigilar —y volviéndose hacia el director—: Tenorio, necesito ver los pasaportes de Hemingway y los papeles que tengan que ver con la casa. Recibos, facturas, impuestos...

—Enseguida. Los papeles están aquí mismo —y se adelantó hacia un gavetero de madera.

—Manolo, ponte a buscar cualquier cosa que esté fechada entre el 2 y el 4 de octubre del 58. Si quieres dile al cabo Fleites que te ayude.

—Él no puede.

—¿Qué le pasó?

—Se puso contento por lo de la bala y está en el bar de allá abajo dándose rones.

—¿Y dónde está ese bar que yo no lo vi?

El director dio dos viajes y sobre el largo buró semicircular que estaba al fondo de la biblioteca quedaron dispuestas dos montañas de papeles guardados en carpetas de cartón y sobres de Manila. El Conde respiró el olor amable del papel viejo.

—Tengan cuidado, por favor. Son papeles muy importantes...

—Anjá —dijo el Conde—. ¿Y los pasaportes?

—Los tengo en mi oficina, voy a buscarlos.

Tenorio salió, y Manolo, chasqueando la lengua, se fue a sentar detrás del buró.

—Siempre me jodes, Conde. Al final yo soy quien se tiene que meter de cabeza a buscar en los papeles y...

El Conde no terminó de escucharlo. Observando libros, paredes, objetos, como movido por una curiosidad científica, salió lentamente de la biblioteca. A través de una ventana de la sala comprobó que el director caminaba hacia las oficinas del museo ubicadas en el antiguo garaje y, de prisa, torció hacia la habitación particular de Hemingway. Al fondo, junto al baño, estaba el ropero del escritor, donde colgaban sus pantalones y chaquetas para la caza en África y Estados Unidos, su chaleco de pesca, un grueso capote militar y hasta un viejo traje de torero, de oro y luces, seguramente obsequiado por alguno de los famosos matadores a los que tanto admiró. En el suelo, en el orden perfecto de la vida irreal, estaban sus botas de caza, de pesca, de corresponsal de guerra en los frentes europeos. Aquello olía a tela inerte, a insecticida barato y a olvido. El Conde cerró los ojos y aguzó el olfato, preparado para dar el zarpazo: algo rezumaba piel y sangre en aquel baúl de recuerdos y casi automáticamente estiró una mano hacia una caja de zapatos colocada junto al ropero. Los pañuelos, manchados por el tiempo, le mostraron su faz pecosa desde el interior de la caja. Delicadamente, con temblor en las manos, el Conde levantó por el borde las telas dobladas y su corazón palpitó cuando sus ojos chocaron con la oscuridad: allí, dormido mas no muerto, reposaba el blúmer de encajes de Ava Gardner. Con absoluta conciencia de sus actos de violador de arcanos, el ex policía sacó el blúmer y, luego de mirarlo un instante a trasluz y de sentir todo lo que una vez tuvo dentro, lo guardó en uno de sus bolsillos, devolvió la caja a su sitio, salió del ropero y entró en el baño contiguo.

Mientras su respiración se normalizaba, el Conde trató de ubicarse en las anotaciones de fechas y peso en libras que Hemingway llevaba en la pared del baño, justo al lado de la pesa. Las hileras, paralelas unas a otras, no respetaban la cronología, y el Conde debió buscar entre ellas la que consignaba el año 1958. Cuando la halló, comenzó a bajar por una hilera que se iniciaba en el mes de agosto y se interrumpía el 2 de octubre de 1958 con el peso de doscientas veinte libras. Las anotaciones posteriores correspondían ya a los meses finales de 1959 y los primeros del año 1960, durante la última estancia de Hemingway en su casa habanera, y en ellas el Conde advirtió la cercanía del final: ahora el escritor pesaba poco más de doscientas libras y, en las últimas anotaciones, tomadas en julio de 1960, apenas rondaban las ciento noventa. Todo el drama personal y verdadero de Hemingway estaba escrito en aquella pared, capaz de hablar de las angustias del hombre mejor que todas sus novelas, sus cartas, sus entrevistas, sus gestos. Allí, solos él y su cuerpo, sin más testigos que el tiempo y una báscula insensible y agorera, Hemingway había escrito en cifras, más explícitas que los adjetivos, la crónica de la proximidad de la muerte.

Los pasos que se acercaban sacaron al Conde de sus cavilaciones. Con la cara más inocente del mundo asomó la cabeza desde el baño y vio al director del museo con los pasaportes en la mano.

—¿Dónde era que él guardaba las armas de fuego? —le preguntó el Conde sin dejarlo hablar.

—Aquí, al lado del ropero tenía un escaparate con armas. Las otras estaban en el segundo piso de la torre, con muchas armas blancas y con lanzas de la tribu masai, que trajo del safari del 54.

—¡Qué delirio tenía el cabrón con las armas! ¿Y la Thompson? ¿Estaba allá o aquí?

—Por lo general la guardaba allá, en la torre. Aquí tenía escopetas de caza, y el fusil Mannlicher, que siempre estaba colgado sobre el librero.

—Pero yo he visto esa Thompson, me la juego —y el Conde trató de exprimirse la memoria en busca del recuerdo—. Bueno, ¿cuál es del año 58? —le preguntó a Tenorio, quien colocó las libretas sobre el buró, a la sombra grotesca del gran búfalo africano.

—Éste —dijo al fin, alargándole uno de los pasaportes—. Empieza en 1957.

El Conde revisó hoja por hoja el documento, hasta hallar lo que buscaba: un cuño de salida de Cuba estampado el 4 de octubre de 1958, junto con otro de entrada en Estados Unidos, puesto en el aeropuerto de Miami, Florida, en la misma fecha.

—Sí, dejó de escribir el 2 de octubre, se pesó por última vez ese día, y salió el 4. Ahora hace falta saber qué hizo el día 3. Y Manolo nos lo va a decir.

En el buró, Manolo había separado ya la mayor parte de las carpetas.

—Éstos son propiedades y recibos de compra, pero de los años cuarenta —advirtió—. Ayúdenme con éstos.

El director y el Conde se acercaron.

—¿Qué están buscando? —indagó Tenorio.

—Lo que les dije: el 3 de octubre de 1958... Ayúdelo usted, yo voy a salir un momento, tengo que fumar.

Conde dio dos pasos y se detuvo. Miró a Tenorio, que no se había movido de su sitio.

—De verdad, Tenorio, ¿por qué no me dijo quién era su abuelo?

La mirada de Tenorio era caliente y dura. Físicamente no se parecía a Raúl Villarroy, pero su boca y sus ojos eran idénticos a los de la niña fotografiada junto a Hemingway, su ahijada según el pie de foto y, si el Conde no recordaba mal, como le había comentado el propio Tenorio. El ex policía empezaba a imaginar las razones del nieto de Raúl para escamotear su identidad y sonrió cuando escuchó la respuesta que esperaba.

—Hemingway decía que Raúl Villarroy era su cuarto hijo. Y ése era el mayor orgullo de mi abuelo. Para él Hemingway era algo sagrado, y también lo fue para mi madre y lo es para mí.

—Y lo sagrado no se toca.

—No señor —confirmó Tenorio y, dando por terminada la explicación, se dirigió hacia donde Manolo revisaba papeles.

El Conde atravesó la sala y, antes de abandonar la casa, observó otra vez la escenografía del salón con sus escenas taurinas y sus asientos vacíos y el pequeño bar, con las botellas secas, esterilizadas por el tiempo; paseó la mirada por el comedor, con sus trofeos de caza y la mesa preparada con representantes ilustres de la vajilla marcada con el hierro de Finca Vigía; vio al fondo, en la habitación en la cual Hemingway solía escribir, los pies de la cama donde dormía sus siestas y sus borracheras. El Conde sabía que estaba llegando al fin de algo y se preparaba para despedirse de aquel lugar. Si sus presentimientos conservaban su antigua puntería, iban a pasar muchos años antes de que volviera a aquel sitio nostálgico y literario.

Con el cigarro todavía apagado en los labios bajó hacia la zona del jardín donde estaba la fuente y a cuyo alrededor los policías habían cavado unos quince metros cuadrados. Al borde del hoyo, con la espalda recostada en el tronco pelado de una pimienta africana, el Conde encendió el cigarro y forzó su memoria para imaginar lo que cuarenta años antes había existido allí: las vallas utilizadas para entrenamiento de los gallos suelen ser circulares, como las de los combates reales, aunque por lo general están delimitadas por tapias de un metro de altura, muchas veces hechas con sacos de yute o pencas de palmas, atadas a estacas de madera, para formar un círculo de unos cuatro o cinco metros de diámetro dentro del cual se efectúan las peleas. Aquélla no tenía techo, pero recibía la sombra de los mangos, la carolina, las pimientas africanas. El gallero y los espectadores ocasionales podían pasar allí largas horas, sin la molestia del sol. Con su imaginación a toda máquina vio entonces a Toribio el Tuzao, tal como lo recordaba el día que lo encontró en una valla oficial: estaba con una camiseta sin mangas, dentro del ruedo, con un gallo en la mano, azuzando al otro animal para que se les calentara la sangre. Los gallos llevaban las espuelas cubiertas con forros de tela para evitar heridas lamentables. Al borde de la valla, tras la cortina de sacos, Hemingway, Calixto Montenegro y Raúl Villarroy miraban en silencio la operación y el rostro del escritor se excitó cuando el Tuzao al fin soltó el gallo que había mantenido entre sus manos, y los animales se lanzaron al ataque, levantando las espuelas mortales, ahora decorativas, y moviendo con sus alas las virutas de madera que cubrían la tierra... Las virutas de madera. El Conde las vio moverse, entre las patas de los gallos y lo comprendió todo: habían enterrado al hombre en el único sitio donde la tierra removida no despertaría sospechas. La fosa, una vez devuelta la tierra a su sitio, sería de nuevo cubierta con más virutas de madera.

Ya sin prisa, el Conde regresó a la casa y se sentó en los escalones de la entrada. Si algo conocía a Hemingway, sabía que Manolo saldría de la casa con un papel fechado el 3 de octubre de 1958. Por eso no se alarmó cuando escuchó la voz del teniente, mientras se acercaba con un recibo en las manos.

—Aquí está, Conde.
—¿Cuánto le pagó?
—Cinco mil pesos...
—Demasiado dinero. Incluso para Hemingway.
—¿Quién era Calixto Montenegro?

—Un empleado muy extraño de la finca. Hemingway lo despidió ese día, le pagó una compensación y si no me equivoco, lo montó en el *Pilar* y lo llevaron para México.

—¿Y eso por qué?

—Porque creo que era el único que estaba presente cuando mataron al agente del FBI..., aunque estoy seguro de que no fue el único que vio cómo lo enterraron debajo de la valla de gallos.

—¿Pero quién mató al tipo?

—Todavía no lo sé, aunque a lo mejor podemos averiguarlo ahora mismo. Digo, si no estás muy apurado y quieres ir conmigo hasta Cojímar.

—Buenas tardes, Ruperto.

—¿Otra vez por aquí?

—Sí. Pero lo jodido es que ahora vengo con la policía. La cosa está mala. Mire, éste es el teniente Manuel Palacios.

—Está muy flaco para ser teniente —dijo Ruperto y sonrió.

—Eso mismo digo yo —agregó el Conde y ocupó la piedra donde se había sentado esa mañana. Ruperto seguía recostado en el árbol, frente al embarcadero del río, con su sombrero panameño bien calado. Parecía no haberse movido de aquel sitio, como si apenas hubieran interrumpido la conversación. Sólo revelaba el paso de las horas el tabaco que llevaba entre los dedos, fumado casi hasta sus últimas consecuencias, y del cual se desprendía un hedor a hierba calcinada.

—Yo sabía que tú volvías...

—¿Me demoré mucho? —preguntó el Conde, mientras le indicaba a Manolo otra piedra cercana. El teniente la levantó y la aproximó al árbol.

—Depende. Para mí el tiempo es otra cosa. Vean —y levantó el brazo—, es como si estuviera allá, del otro lado del río.

—Entre los árboles —completó el Conde.

—Ahí mismo, entre los árboles —confirmó Ruperto—. Desde allí muchas cosas se ven distintas, ¿no?

El Conde afirmó mientras encendía su cigarro. Manolo, ya sentado sobre su piedra, buscaba algún acomodo posible para sus nalgas descarnadas, mientras observaba al anciano y trataba de imaginar la estrategia de su amigo.

—Bueno, Ruperto, desde este lado del río yo veo las cosas así: la noche del 2 de octubre del 58 mataron a un agente del FBI en Finca Vigía. El hombre se llamaba John Kirk, por si le interesa saberlo o si Tenorio no se lo dijo...

El Conde esperó alguna reacción en Ruperto, pero éste seguía observando algo para él invisible, más allá del río, entre los árboles: quizás miraba la muerte.

—Hemingway se fue de Cuba el día 4, y lo extraño es que interrumpió un trabajo muy importante. Después nunca lo pudo terminar. Salió para Estados

Unidos, según él a encontrarse con su mujer que ya andaba por allá. Pero el día 3 despidió a Calixto y le pagó una compensación. Le dio cinco mil pesos. Demasiado dinero, ¿verdad?

Ruperto sintió calor. Se despojó de su bello sombrero y se pasó la mano por la frente. Tenía unas manos grandes, desproporcionadas, cruzadas de arrugas y cicatrices.

—Una compensación normal sería por el salario de dos, tres meses..., y Calixto ganaba ciento cincuenta pesos. ¿Cuánto ganaba usted?

—Doscientos. Raúl y yo éramos los que más ganábamos.

—De verdad pagaba bien —comentó Manolo. Estar en silencio, relegado al papel de observador, siempre había sido algo capaz de exasperarlo, pero el Conde le había exigido una discreción total y ahora lo miró reclamándole obediencia, como en los tiempos en que ellos fueron la pareja de policías más solicitada de la Central, y el Viejo, el mejor jefe de investigadores que jamás hubo en la isla, siempre los ponía a trabajar juntos y hasta les permitía ciertos excesos, en virtud de la eficiencia.

—Al tal John Kirk lo mataron de dos tiros —siguió el Conde, mientras con una pequeña rama dibujaba algo en la tierra, delante de sus pies—. Con una ametralladora Thompson. Y Hemingway tenía una Thompson que se ha esfumado. No está en la casa y ya comprobamos que Miss Mary no se la llevó después que él se mató. Ésa era un arma que él quería mucho, porque me parece que hasta la puso en sus novelas. ¿Se acuerda de esa Thompson?

—Sí —el viejo se colocó otra vez el sombrero—, era la de matar tiburones. Yo mismo la usé unas cuantas veces.

—Anjá. Esa misma. Luego de muerto, al agente lo enterraron en la finca, pero no en cualquier lugar, sino debajo de la valla de gallos, que estaba bastante cerca de la casa. Movieron las virutas, abrieron el hueco, tiraron al tipo y su chapa de policía y lo taparon con la tierra. Después volvieron a regar las virutas para que nadie pudiera darse cuenta de que allá abajo había un cadáver... Y, si no me equivoco, esto pasó antes de que amaneciera el día 3 y llegaran a la finca los otros empleados.

La brevísima sonrisa que movió los labios del viejo sorprendió al Conde y lo hizo dudar si iba por el camino de la verdad o si se había perdido en una de las veredas oscuras del pasado, y por eso se lanzó a tocar fondo.

—Yo creo que en el enterramiento estuvieron tres o cuatro hombres, para que fuera rápido. Y pienso también que a ese policía lo mató una de estas tres personas: Calixto Montenegro, Raúl Villarroy o su patrón, Ernest Hemingway. Pero no me extrañaría mucho si me entero de que lo mató Toribio el Tuzao... o usted, Ruperto.

Otra vez el Conde esperó alguna reacción, pero el anciano se mantuvo inmóvil, como si estuviera en un sitio en el cual no lo tocaran las palabras del ex policía, ni el calor pegajoso de la tarde, ni las agresiones de la memoria. El Conde bajó la vista y terminó el dibujo que había trazado con la rama sobre la tierra: pretendía ser algo así como un yate, con dos antenas de cucaracha sobre la cubierta, flotando en un mar proceloso.

—Entonces entró en escena el *Pilar* —dijo y golpeó la tierra con la rama. Ruperto bajó lentamente la vista hacia el dibujo.

—No se parece —sentenció.

—En primer grado me suspendieron en dibujo y trabajos manuales. Un desastre en toda mi vida... Ni barquitos de papel aprendí a hacer —se lamentó el Conde—. Pero el *Pilar* de verdad zarpó el día 3 y llevó a Calixto a México. Hemingway no fue en ese viaje, porque debía preparar su salida de Cuba al otro día. Pero usted sí, porque el yate nada más lo piloteaban uno de ustedes dos. Y alguien de la finca navegó de marinero. ¿Fue Raúl, fue Toribio? Yo pienso que Toribio, porque Raúl se quedaría ayudando a su Papa. En ese viaje, por cierto, desapareció la Thompson. Está en algún lugar del Golfo de México, ¿verdad?

Y con la rama dibujó un arco que, desde el yate, iba a dar en el mar embravecido de la imaginación. El Conde soltó la rama y miró al anciano, dispuesto a escuchar. Ruperto se mantuvo con la vista fija en la otra ribera del río.

—¿Usted cree que lo sabe todo?

—No, Ruperto, sé unas cuantas cosas, me imagino otras, y me gustaría saber otras más. Por eso estoy aquí: porque usted sí las sabe. Si no todas, al menos algunas...

—Y si fuera así, ¿por qué tendría yo que decírselas, a ver?

El Conde buscó otro cigarro y se lo puso en los labios. Con la fosforera en la mano detuvo su acción.

—Por unas cuantas razones: primera, porque no creo que usted haya sido el asesino; segunda, porque usted es un hombre legal. Cuando pudo haber vendido el *Pilar*, se lo entregó al gobierno para que lo conservaran en el museo. Y ese barco valía unos cuantos miles de dólares. Con ese dinero hubiera cambiado mucho su vida. Pero no, el recuerdo de Papa era más importante para usted. Eso es raro, ya no se usa, parece tonto, pero también es hermoso, porque es un gesto increíblemente honesto. Y caemos en la tercera razón: Hemingway pudo haber matado al agente, pero puede que no haya sido él. Si él lo mató y nosotros decimos que él lo hizo, lo van a destrozar. Ahora a la gente no le gustan los tipos como él: demasiados tiros, demasiadas peleas, demasiada heroicidad. Además, aunque usted no lo crea, él le hizo mucha mierda a mucha gente. Pero quizás no fue Hemingway y entonces ese tipo prepotente al que la gente ya no quiere mucho, hizo ese día algo que vale la pena respetar: protegió a uno de sus empleados después de que éste mató a un agente del FBI y hasta escondió el cadáver en su finca. Pasara lo que pasase, eso hubiera sido un bonito gesto, ¿no cree? Y ya se lo dije, me parece que dejar que le cuelguen un muerto ajeno no sería justo y nada beneficioso...

Ruperto se llevó el mocho de tabaco a los labios y movió la espalda contra el árbol, buscando al parecer una mejor posición para su esqueleto y sus dudas. Una humedad malvada comenzaba a nacer en el fondo de sus arrugas. Y el Conde decidió jugarse la última carta y amontonó su apuesta a todo o nada. Pero antes encendió el cigarro.

—Lo que pasó la noche del 2 de octubre del 58 fue un desastre para Hemingway. No sé si usted sabe que en los últimos años decía que el FBI lo perseguía. Su mujer no le creía. Los médicos dijeron que eran imaginaciones suyas, una especie de delirio de persecución. Y para curarlo le dieron veinticinco electroshocks. ¡De pinga! —exclamó el Conde sin poder evitarlo—. Primero fueron quince y luego otros diez. Los médicos querían que se olvidara de ese delirio de persecución que lo estaba volviendo loco y lo único que consiguieron fue cocinarle el cerebro, para después embutirle un millón de pastillas... Lo mataron en vida. Hemingway no pudo volver a escribir porque con el supuesto delirio le arrancaron parte de la memoria, y sin memoria no se puede escribir. Y él era de todo, hasta un poco hijo de puta, pero más que nada era un escritor. En dos palabras: le descojonaron la vida. Y eso es muy triste, Ruperto. Que se sepa, su Papa no tenía cáncer ni ninguna enfermedad mortal: pero lo habían castrado. Él, que siempre quiso demostrar que tenía cojones, y que hasta se los enseñó a mucha gente para que se los vieran, terminó castrado de aquí —y el Conde se golpeó la sien con la mano abierta, dos, tres veces, con fuerza, con rabia, hasta provocarse dolor—: y sin esto él no podía vivir. Por eso se metió un tiro en la cabeza, Ruperto, no por otra cosa. Y ese tiro empezó a salir del cañón de la escopeta la noche del 2 de octubre del 58... Y si no fue él quien mató al agente ese, de verdad que le costó caro proteger al que lo hizo. ¿No es verdad, Ruperto?

El Conde sabía que su espada había cortado sin piedad las carnes de la memoria. Y no se asombró al comprobar que por las comisuras de los ojos de Ruperto, entre las arrugas largas y sudadas, también corrían las lágrimas. Pero el anciano las secó de un manotazo y todavía se dispuso al combate.

—Papa tenía leucemia. Por eso se mató.

—Nadie ha probado que tuviera leucemia.

—Estaba bajando de peso. Se puso muy flaco.

—Bajó hasta las ciento cincuenta y cinco libras. Parecía un cadáver.

—Por la enfermedad... ¿Se puso tan flaco?

—Fueron veinticinco electroshocks, Ruperto, y miles de pastillas. De no ser por eso a lo mejor todavía estaría vivo, como usted, como Toribio. Pero lo hicieron mierda, y yo no sería muy mal pensado si creyera que el FBI estuvo detrás de esos corrientazos. Ellos lo querían fuera de combate por algo que Hemingway sabía o que ellos pensaban que sabía... Ahora todo el mundo sabe que los del FBI lo perseguían de verdad. El jefe de esa gente le tenía odio y una vez hasta insinuó que Hemingway era maricón.

—¡Eso es mentira, cojones!

—Así que lo peor que podía pasarle ahora es que le cayera este muerto arriba... Bueno, Ruperto, ¿lo salvamos o lo hundimos?

El anciano volvió a secarse las lágrimas que le mojaban el rostro, pero con un movimiento cansado. El Conde se sintió un miserable: ¿tenía algún derecho a robarle a un anciano los mejores recuerdos de su vida? Pensó entonces que, entre otras razones, había dejado de ser policía para no verse obligado a realizar actos infames como ése.

—Papa fue para mí lo más grande del mundo —dijo Ruperto, y su voz había envejecido—. Desde que lo conocí, hasta hoy, me ha dado de comer, y eso se agradece.

—Se debe agradecer, claro.

—Yo no sé quién mató al hijo de puta ese que se metió en la finca —dijo, sin mirar a sus interlocutores: hablaba como si se dirigiera a algo distante, quizás a Dios—. Nunca lo pregunté. Pero cuando Toribio me tocó la puerta, como a las tres de la mañana, y me dijo: «Vamos, Papa me mandó a buscarte», yo también fui para la finca. Raúl y Calixto estaban abriendo el hueco y Papa tenía su linterna grande en la mano. Parecía preocupado, pero no estaba nervioso, seguro que no. Y sabía cada cosa que se debía hacer.

»—Hubo un problema, Rupert. Pero no puedo decirte más nada. ¿Entendido?

»—No hace falta, Papa.

»Tampoco le dijo nada a Toribio, pero creo que a Raúl sí se lo dijo. Raúl era como su hijo de verdad. Y yo sé que Calixto sabía lo que pasó esa noche.

»—Ayuden a sacar tierra —nos dijo entonces.

»Toribio y yo cogimos las palas. Después, entre Calixto y yo, que éramos los más fuertes, cargamos al tipo. Pesaba una barbaridad. Estaba envuelto en una colcha, a la entrada de la biblioteca. Lo sacamos como pudimos y lo tiramos en el hueco. Papa echó entonces la insignia del tipo.

»—Raúl y Toribio, tápenlo y preparen otra vez la valla. No se demoren, que está amaneciendo y Dolores y el jardinero van a llegar. Calixto y Rupert, vengan conmigo.

»Los tres volvimos a la casa. Donde levantamos al muerto había una mancha de sangre, que se estaba secando.

»—Rupert, limpia eso, yo tengo que hablar con Calixto.

»Yo me puse a limpiar la sangre y trabajo que me costó sacarla toda. Pero quedó limpio. Mientras, Papa y Calixto estaban hablando en la biblioteca, muy bajito. Yo vi cuando Papa le dio un cheque y unos papeles.

»—¿Ya terminaste, Rupert? Bueno, ven acá. Ahora mismo coge el Buick y te vas con Calixto y con Toribio. Saca el *Pilar* y lleva a Calixto hasta Mérida y vuelve enseguida. Y tiren esto en el mar.

»Papá cogió la Thompson y la miró un momento. Le dolía desprenderse de ella. Era el arma preferida de Gigi, el hijo suyo.

»—Veré qué historia le invento a Gigi.

—Claro, coño —exclamó el Conde—, yo vi la Thompson en una foto. El hijo de Hemingway la tenía en las manos.

—Era pequeña, fácil de manejar —ratificó Ruperto.

—Siga, por favor.

—Papá la envolvió en un mantel, junto con una pistola negra, creo que un 38, y le dio el bulto a Calixto.

»—Arriba, que va a amanecer.

»A mí me dio una palmada aquí, en la nuca, y a Calixto le dio la mano y le dijo algo que yo no escuché bien.

»—El hijo de puta se lo merecía, Ernesto.

»Calixto era el único de nosotros que le decía Ernesto.

»—Vas a cumplir tu sueño. Disfruta Veracruz. Yo te aviso si me enamoro de una cubana...

»Eso fue lo que le dijo Papá. Cuando salimos, ya Raúl y Toribio habían terminado, y nosotros tres nos fuimos en el Buick. Y yo hice lo que él me pidió: llevé a Calixto hasta Mérida. En el camino, Calixto tiró la Thompson y la pistola en el mar, y el mantel se quedó flotando hasta que lo perdimos de vista. Cuando regresé al otro día por la noche y fui a la finca para llevar el Buick, Raúl me dijo que Papá ya había salido para el aeropuerto, pero que nos había dejado un recado a Toribio y a mí —Ruperto hizo una pausa y lanzó el cabo de tabaco hacia el río—. Él nos dejó dicho que nos quería como si fuéramos sus hijos y que confiaba en nosotros porque éramos hombres... Papá decía esas cosas que lo enorgullecían a uno, ¿no?

Los masai solían decir que un hombre solo no vale nada. Pero lo que mejor habían aprendido los masai en siglos de convivencia con las peligrosas sabanas de su tierra es que un hombre, sin su lanza, vale menos que nada. Aquellos africanos, cazadores ancestrales y furibundos corredores, se movían en grupos, evitaban los combates siempre que podían, y dormían abrazados a sus lanzas, muchas veces con la daga a la cintura, pues de ese modo propiciaban la protección del dios de las praderas. La estampa de hombres hablando alrededor de una hoguera, con sus lanzas en las manos y bajo un cielo negro y sin estrellas, fue como un relámpago en su mente, que sin mayores trámites pasó del sueño a la conciencia, cuando logró enfocar su mirada a través de los vidrios empañados de sus espejuelos y descubrió que el desconocido tenía en sus manos el blúmer negro de Ava Gardner y el revólver calibre 22.

El intruso se había quedado estático, mirándolo, como si no entendiera que él fuese capaz de abrir los ojos y observarlo. Era un hombre tan grande y grueso como él, casi de su misma edad, pero respiraba con dificultad, quizás por el miedo o tal vez por el peso de su enorme barriga. Se cubría con un sombrero negro, de ala estrecha, y vestía saco y corbata oscuros, con camisa blanca. No necesitaba de la chapa para que los demás adivinaran su oficio. Saber que era un policía y no un asaltante cualquiera le produjo cierto alivio, pero tuvo la insultante convicción de haber sentido miedo.

Acostado aún, él se quitó las gafas para limpiarlas con la sábana.

—Mejor no se mueva —dijo el hombre, que había logrado desenvolver el 22 y lanzó al suelo el blúmer negro—. No quiero problemas. Ningún problema, por favor.

—¿Está seguro? —preguntó él, colocándose los espejuelos. Se incorporó en la cama y trató de parecer sereno. El hombre dio un paso atrás, con cierta dificultad—. Se mete en mi casa y dice que no quiere problemas.

—Nada más quiero mi insignia y mi pistola. Dígame dónde están y me voy.

—¿De qué me está hablando?

—No se haga el tonto, Hemingway. Yo estaba borracho, pero no tanto... Se me perdieron por allá abajo. Y mande callar a ese maldito perro.

El hombre se estaba poniendo nervioso y él comprendió que así podía ser peligroso.

—Voy a levantarme —dijo y mostró las manos.

—Arriba, calle al animal.

Él se calzó los mocasines que estaban junto a la cama y el otro se apartó, siempre con el revólver en la mano, para dejarle paso hacia la sala. Al cruzar cerca del hombre sintió el hedor ácido del sudor y el miedo, incapaces de vencer el vaho del alcohol que transpiraba. Aunque prefirió no mirar hacia el librero del rincón, tuvo la certeza de que la Thompson seguía en su sitio, pero pensó que no era necesario acudir a ella. Abrió la ventana de la sala y le silbó a *Black Dog*. El perro, que también estaba nervioso, movió la cola al escucharlo.

—Está bien, *Black Dog*..., está bien. Ahora cállate, me has demostrado que eres un gran perro.

El animal, gruñendo aún y con las orejas alzadas, se paró en dos patas contra el borde de la ventana.

—Así está bien, calladito —agregó él y le acarició la cabeza.

Cuando se volvió, el policía lo miraba con sorna. Parecía más tranquilo y eso estaba mejor.

—Me da mi insignia y mi pistola y me voy. Yo no quiero problemas con usted..., ¿puedo?

E indicó con el revólver el pequeño bar colocado entre los dos butacones.

—Sírvase.

El hombre se acercó al mueble y entonces él descubrió que cojeaba de la pierna derecha. Con el revólver en la mano, logró descorchar la ginebra y se sirvió medio vaso. Comenzó con un trago largo.

—Me encanta la ginebra.

—¿Nada más que la ginebra?

—También la ginebra. Pero hoy se me fue la mano con el ron. Es que se deja beber y después...

—¿Por qué vino a mi casa?

El hombre sonrió. Tenía unos dientes grandes, mal dispuestos y manchados por el tabaco.

—Pura rutina. Venimos de vez en cuando, echamos una mirada, anotamos quiénes son sus invitados, hacemos algún informe. Hoy estaba todo tan tranquilo que me dio por brincar la cerca...

Él sintió una oleada de indignación capaz de arrastrar los restos del temor que había sentido en la cama.

—¿Pero qué carajos...?

—No se sulfure, Hemingway. No es nada grave. Digámoslo así, para que me entienda: a usted le gustan los comunistas y a nosotros no. En Francia, en España y hasta en Estados Unidos usted tiene muchos amigos comunistas. Y aquí también. Su médico, por ejemplo. Y este país está en guerra y cuando hay guerra los comunistas pueden ser muy peligrosos. A veces no enseñan el hocico, pero siempre están al acecho, esperando su oportunidad.

—¿Y qué tengo yo que ver con eso?

—Parece que hasta ahora nada, la verdad. Pero usted habla mucho y se sabe que algún dinero les ha dado, ¿no?

—Mi dinero es mío y yo...

—Espere, espere, yo no vine aquí a discutir sobre su dinero o sobre sus gustos políticos. Quiero mi insignia y mi pistola.

—Yo no he visto nada de eso.

—Tiene que haberlas visto. Se me perdieron entre la cerca del fondo y la piscina. Ya busqué por todos lados y no aparecen. Tiene que haber sido cuando brinqué la cerca... Mire lo que me pasó.

El policía hizo girar el torso para que él viera el desgarrón que su saco tenía en la espalda.

—Lo siento. Yo no tengo nada suyo. Ahora deme mi revólver y váyase.

El hombre bebió otro trago, colocó el vaso sobre un librero y buscó un cigarro. Lo encendió y expulsó el humo por la nariz, mientras tosía. Por efecto de la tos, los ojos del policía se humedecieron y parecía lloroso cuando volvió a hablar.

—Me va a complicar la vida, Hemingway. En diciembre me jubilo con treinta años de servicio y un plus por limitación física: un hijo de puta me hizo mierda una rodilla y mire para lo que he quedado... Y no puedo decir que perdí mi placa y mucho menos la pistola mientras entraba en su propiedad. ¿Entiende?

—De todas maneras se van a enterar. Cuando yo se lo diga a los periodistas...

—Oiga, no me rompa los cojones.

—Y usted sí me los puede romper y hasta patear, ¿verdad?

El hombre movió la cabeza, negando. Hablaba y fumaba sin quitarse el cigarro de los labios.

—Mire, Hemingway: yo soy nada, yo no existo, yo soy un número en una plantilla enorme. No me complique, por favor. Los informes sobre usted que están en los archivos no es por mi culpa. Mi trabajo es vigilarlo y punto. A usted y a otros quince americanos locos como usted que andan por esta ciudad y a los que les gustan los comunistas.

—Eso es un atropello...

—Está bien. Es un atropello. Vaya a Washington y dígaselo al jefazo, o al mismo presidente. Ellos fueron los que dieron la orden. Y no a mí, por supuesto. Entre ellos y yo hay mil jefes...

—¿Y desde cuándo me vigilan?

—Qué sé yo..., desde el treinta y pico, creo. Yo empecé hace dos años, cuando me mandaron para la embajada de La Habana. Y me cago en la puta hora en que acepté meterme en este país de mierda, mire cómo sudo, y la humedad me acaba con la rodilla, y el ron se me va a la cabeza... ¿Con todo el dinero que usted tiene cómo coño se le ocurrió meterse aquí?

—¿Qué ha dicho usted de mí?

—Nada que no se supiera —al fin se quitó el cigarro de los labios y bebió otro trago para terminar el vaso—. ¿Dónde puedo echar la ceniza?

Él se movió hasta el librero, bajo la ventana, y le pareció absurdo que el hombre ensuciara con sus cigarros el hermoso cristal veneciano de aquel cenicero, obsequio de su vieja amiga Marlene Dietrich. Entonces se lo lanzó al policía, pero el hombre, a pesar de su edad y su gordura, se movió con rapidez y lo atrapó en el aire.

—Gracias —dijo y sonrió, satisfecho con su destreza.

—No me respondió qué ha dicho usted de mí —insistió.

—Por favor, Hemingway... Usted debe saber que el jefe Hoover no lo quiere, ¿verdad? —el hombre parecía cansado. Él levantó la vista y observó que el reloj de la pared marcaba la una y cincuenta—. Yo he dicho lo mismo que todo el mundo sabe: quiénes vienen a la casa, qué se hace aquí cuando hay fiestas, cuántos de sus amigos son comunistas y cuántos podrían serlo. Nada más. Lo de su alcoholismo y las cosas feas de su vida privada ya estaban en el dossier cuando yo llegué a Cuba. Además, yo soy demasiado borracho para hablar mal de mis colegas —y trató de sonreír.

El primer síntoma de que su presión había subido era aquella punzada en las sienes capaz de provocarle, de inmediato, una pesadez voluminosa en la parte posterior de la cabeza, justo en la base del cráneo. Luego venía el calor en las orejas. Pero nunca lo había sentido de aquel modo tan explícito. ¿Qué cosas feas se podían decir de su vida privada?, ¿qué sabrían de él aquellos gorilas que paseaban su impunidad por la faz de la tierra?

—¿De qué habla usted?

—¿No es mejor que me dé mi insignia y mi pistola, que yo me vaya y todos en paz? Yo creo que sí...

Él lo pensó un instante, y se decidió.

—La pistola no la vi. Su insignia estaba al lado de la piscina, bajo la pérgola.

—Claro —sonrió el hombre—, yo lo sabía. Me senté un momento a fumarme un cigarro. Me dolía la rodilla... ¿Y no estaba la maldita pistola?

—Se la doy si me dice qué está escrito en ese dossier.

El policía aplastó el cigarro en el fondo del cenicero y lo dejó en el piso, sobre la alfombra.

—Por Dios, Hemingway. No me joda más y deme la placa —su voz había adquirido dureza y su mirada destilaba odio y desesperación.

—¡La placa por la información! —gritó él y *Black Dog* empezó a ladrar de nuevo.

—Calle al cabrón perro. Va a venir el custodio.

—¡La información!

—Me cago en... —el hombre levantó el revólver y le apuntó al pecho—. ¡Calle al perro o yo lo voy a callar de mala manera!

—Si mata al perro no sale vivo de aquí. ¡Así que hable!

El hombre sudaba por todos sus poros y las gotas corrían por su rostro. Sin dejar de apuntarle movió el sombrero hacia atrás y se pasó la mano izquierda por la frente.

—No sea estúpido, Hemingway, no se lo puedo decir.

—Yo sé que cuando tenga la insignia y la pistola me va a matar. Me tiene que matar.

—Nadie tiene que morirse si usted me da mis cosas.

—Pues si no habla no le doy su insignia. Y voy a llamar al custodio.

Black Dog seguía ladrando cuando él dio un paso hacia la ventana. En ese instante sintió que su cabeza podía estallar y que no era capaz de pensar. Sólo sabía que debía explotar la desesperación del policía para obligarlo a hablar. El agente, sorprendido por la acción, demoró un instante en ponerse en movimiento, avanzó tres pasos y estiró uno de sus brazos para agarrarlo por el hombro. Cuando al fin logró atraparlo, lo tiró hacia atrás. Pero ya él había aferrado uno de los sólidos candelabros extremeños de plata y, con el mismo impulso del tirón, se volvió y golpeó al policía a la altura del cuello. Fue un buen golpe, fuerte, pero mal colocado. El policía retrocedió, con la mano izquierda sobre el sitio donde recibiera el golpe y el brazo derecho estirado, tratando de encañonar al escritor con el revólver del 22.

—¡Pero qué cojones...! ¡Te voy a matar, maricón de mierda!

¿Éste es el fin, muchacho?, tuvo tiempo de pensar. La primera detonación retumbó en la casa y el policía dio un paso hacia su izquierda, mientras se llevaba la mano al abdomen. Como si estuviera borracho, el agente intentó recuperar el equilibrio para volver a colocarlo en la mira del revólver. Cuando logró apuntarle, llegó la segunda detonación, que resultó más amable y fue como si empujara al hombre, que cayó de lado, con los ojos abiertos, la mano libre aferrada al estómago y la otra al revólver.

En la puerta de la habitación Calixto bajó la Thompson. A su lado, Raúl seguía apuntando, con una pistola negra y reluciente, todavía humeante, que reproducía todo el temblor de su brazo. Entonces Raúl también bajó el arma, mientras Calixto se acercaba al hombre caído. Con su bota pisó la mano que aún aferraba la 22 y con el otro pie desprendió el arma de una patada.

—¿Estás bien, Papa? —Raúl avanzó hacia él.

—No sé, creo que sí.

—¿Seguro que estás bien?

—Ya te dije que sí. ¿Y esa pistola?

—Debe ser la del tipo. Calixto y yo la encontramos.

—Este hijo de puta te iba a matar, Ernesto —comentó Calixto.

—¿Tú crees?

—Sí, creo que sí —y apoyó la Thompson en la pared.

—¿Por qué no quisiste ir a la Central?

—Ya no me gusta la Central.

—¿Nunca volviste a entrar?

—Nunca —confirmó el Conde y se inclinó sobre el fogón. Comprobó que la cafetera había comenzado a colar—. Ya no soy policía y no pienso volver a serlo.

Sentado a la mesa, el teniente Manuel Palacios se abanicaba con un periódico viejo. Por más que había insistido, el Conde se negó rotundamente a hablar con el jefe de investigaciones de la Central y sólo aceptó que Manolo lo llevara a su casa.

Con gestos precisos, el Conde tomó una taza grande de loza, puso la cantidad exacta de azúcar y luego vertió el café. Lo batió con seriedad de experto y lo devolvió a la cafetera. Luego le sirvió a su amigo en una taza pequeña y se puso el suyo en la taza grande utilizada para hacer la mezcla. Respiró el perfume caliente de la infusión y sintió un alborozo conocido en su paladar. Por último vertió un chorro del líquido en un pozuelo y llamó a su perro, que dormitaba bajo la mesa.

—Arriba, *Basura*, el café.

El animal se desperezó y avanzó hacia el pozuelo. Metió la lengua y retiró el hocico.

—Sóplalo primero, *Basura*, está caliente.

—En vez de darle café deberías bañarlo.

—A él le gusta más el café. ¿No está bueno?

—Encojonao —respondió Manolo—. ¿De dónde tú sacas este café tan bueno, Conde?

—Es dominicano. Me lo manda un amigo del Viejo que se hizo amigo mío. Freddy Ginebra. ¿Tú no lo conoces?

—No, no.

—Qué extraño. Todo el mundo conoce a Freddy Ginebra... Bueno, ¿qué piensas hacer?

—Todavía no lo sé bien. Hay cosas que creo que no vamos a saber nunca. De todas maneras quiero hablar con Toribio y con Tenorio. A lo mejor saben algo...

—Deja tranquila a esa gente. Yo prefiero pensar que ni Hemingway ni Calixto ni Raúl dijeron lo que pasó esa noche. Por mi cuenta ellos eran los únicos que sabían la historia completa. Y los tres están muertos —el Conde fumaba y miraba más allá de la ventana abierta—. Ya sabemos todo lo que se puede saber...

—Para mí está claro que Calixto fue el que lo mató. Si no, no lo hubieran sacado para México.

—Yo no estoy tan convencido. Ahí pudo pasar cualquier cosa. A lo mejor Calixto nada más vio lo que pasó, o el FBI lo buscaba a él y no a Hemingway... Además, con el cadáver bien escondido, ¿por qué mandar a Calixto para México? Eso pudo ser una cortina de humo... No, hay algo extraño en todo eso y no puedo estar seguro de que haya sido Calixto.

—Si aprieto un poco a Tenorio...

—No seas tan policía, Manolo. Deja tranquilo a Tenorio. ¿Cómo lo vas a apretar? Él no había nacido cuando mataron a ese hombre...

—¿Qué te pasa, Conde? Estoy seguro de que Tenorio sabe algo. Y tú también. ¿Por qué no quieres ver la verdad? Oye, Hemingway sacó a Calixto de Cuba para protegerlo. Él también era capaz de hacer esas cosas, ¿no? —Manolo no dejaba de mirar al Conde—. Y si salvó a Calixto, se portó como un amigo.

—Todo eso suena muy bonito, pero lo que no entiendo es por qué tuvo que darle a todo el mundo velas en ese entierro. En la finca nada más debían estar Hemingway y Calixto, pero resulta que de pronto también estaban Raúl y Toribio, y luego buscaron a Ruperto. ¿Eso no es extraño? ¿Y la segunda bala, dónde coño está la segunda bala? ¿También es de la Thompson?

—Conde, Conde... —empezó a protestar Manolo.

—¿Y si la segunda bala no es de una Thompson? ¿Y si Hemingway fue el que lo mató y sacó a Calixto por otra razón? No sé, para que no cayera en manos de un policía un poco cabrón que lo hiciera hablar...

—Qué ganas de complicarte tienes, carajo. Mira, lo que yo no acabo de entender es qué coño hacía metido en la casa ese agente del FBI. Vigilarlo es una cosa, acosarlo es otra... Y Hemingway no era ningún comemierda al que ellos pudieran presionar así como así. Y tampoco se me ocurre por qué no tiraron al mar la insignia...

Manolo tomó un cigarro de la cajetilla del Conde y se puso de pie. Avanzó hasta la puerta de la cocina, abierta hacia la terraza y el patio, sombreado por una vieja mata de mangos.

—Me encantaría ver las quince páginas que le faltan al dossier del FBI —Manolo expulsó el humo y se volvió—. No sé por qué, pero creo que ahí está la clave de todo lo que pasó esa noche. ¿Tendrá que ver con los submarinos y el petróleo?

—Hemingway descubrió quién le daba petróleo a los nazis aquí en Cuba, y el FBI lo ocultó... Hay secretos que matan, Manolo. Y ése por lo menos mató a dos hombres: al policía y a Hemingway. Ahí perdió todo el mundo.

—Bueno, bueno..., ¿ahora no te cae tan mal?

—No sé. Tengo que esperar a que baje la marea.

—¿Sabes una cosa? Me leí otra vez el cuento que me dijiste. «El gran río de los dos corazones.»

—¿Y?

—Es un cuento extraño, Conde. No pasa nada y uno siente que están pasando muchas cosas. Él no decía lo que uno se debía imaginar.

—Él sabía hacer eso. La técnica del iceberg. ¿Te acuerdas? Siete partes ocultas bajo el agua, una sola visible, en la superficie... Como ahora, ¿no? Cuando descubrí lo bien que él lo hacía, me puse a imitarlo.

—¿Y qué estás escribiendo ahora?

El Conde fumó dos veces de su cigarro, hasta sentir calor en los dedos. Miró la colilla un instante y la lanzó por la ventana.

—La historia de un policía y un maricón que se hacen amigos.

Manolo regresó a la cocina. Sonreía.

—Me cago en tu madre por adelantado —dijo el Conde.

—Está bien, está bien. Cada cual escribe de lo que puede y no de lo que quiere —aceptó el otro.

—¿Vas a cerrar el caso?

—No sé. Hay cosas que no sabemos, pero creo que nunca las vamos a saber, ¿no? Y si lo cierro, es que existió. Y si existió, se va a regar la mierda. No importa si fue Calixto, si fue Raúl o si fue él, pero se va a formar un rollo del carajo. Y sigo pensando que cuarenta años después, ¿a quién le importa ese muerto?

—¿Estás pensando lo que yo estoy pensando?

—Estoy pensando que si al fin y al cabo no sabemos quién lo mató, ni por qué, ni podemos acusar a nadie, ni el cadáver está reclamado por nadie..., ¿no es mejor olvidarse de ese saco de huesos?

—¿Y tus jefes?

—A lo mejor los puedo convencer. Digo yo...

—Si el jefe fuera el Viejo se podría. El mayor Rangel parecía duro, pero tenía su corazoncito. Yo lo hubiera convencido.

—¿Entonces qué tú crees?

—Espérate aquí.

El Conde fue al cuarto y regresó con la biografía de Hemingway que había estado leyendo.

—Mira esta foto —y le dio el libro a Manolo.

De pie, con una cortina de árboles al fondo, Hemingway aparecía de perfil. Su pelo y su barba estaban completamente blancos, y la camisa de ginghah parecía prestada por otro Hemingway más corpulento que el de la foto: el cuerpo del hombre se había reducido, sus hombros se habían caído y estrechado. Miraba en pensativo silencio algo que no se podía apreciar en la fotografía, y al ver aquella imagen se recibía una inquietante sensación de veracidad. Su estampa era la de un anciano, y apenas recordaba al hombre que practicó y disfrutó la violencia. El pie de grabado advertía que la instantánea había sido tomada en Ketchum, antes de su estancia final en la clínica, y era una de las últimas fotos del escritor.

—¿Qué estaría mirando? —preguntó Manolo.

—Algo que estaba del otro lado del río, entre los árboles —respondió el Conde—. Se estaba viendo a sí mismo, sin público, sin disfraces, sin luces. Estaba viendo a un hombre vencido por la vida. Un mes después se metió un tiro.

—Sí, estaba jodido.

—No, al contrario: estaba libre del personaje que

él mismo se inventó. Ése es el verdadero Hemingway, Manolo. Ése es el mismo tipo que escribió «El gran río de los dos corazones».

—¿Te digo lo que voy a hacer?

—No, no me lo digas —el Conde lo interrumpió con toda su dramática insistencia, moviendo incluso las manos—. Ésa es la parte oculta del iceberg. Deja que yo me lo imagine.

El mar formaba una mancha insondable y desesperanzadora, y sólo cuando rompía en las rocas de la costa su monotonía negra era alterada por la cresta efímera de las olas. A lo lejos, dos luces tímidas marcaban la presencia de botes de pesca, empeñados en sacar del océano algo bueno aunque invisible, pero a la vez muy deseado: era un desafío eterno y conmovedor el que movía a aquellos pescadores, pensó el Conde.

Sentados en el muro, el Conde, el Flaco y el Conejo daban cuenta de sus provisiones de ron. Después de devorar los pollos al ajillo, la cazuela de malanga rociada con mojo de naranja agria, las fuentes de arroz y la montaña de buñuelos en almíbar preparados por Josefina sin que nadie preguntara de dónde podían haber brotado aquellas maravillas extinguidas en la isla, el Conde había insistido en que debían ir hasta Cojímar si sus amigos pretendían oír la historia completa de la muerte de un agente del FBI en Finca Vigía, y el Conejo debió pedirle a su hermano menor que le prestara el Ford Fairland 1958 más brillante y adornado de Cuba. El milagro de la transformación de aquella antigüedad renacida de sus chatarras y que ahora se cotizaba en varios miles de dólares, se debía al laborioso empeño del Conejo menor, quien había entrado en posesión de los activos necesarios para comprarlo y embellecerlo en los escasos seis meses que llevaba como administrador de una panadería dolarizada, que parecía más bien una inagotable mina de oro.

Entre el Conde y el Conejo habían alzado a Carlos de su sillón de ruedas para subirlo al muro del malecón y luego, con delicadeza, movieron las piernas inútiles del amigo hasta hacerlas colgar hacia la costa. Las escasas luces del pueblo quedaban a sus espaldas, más allá del busto verde de Hemingway, y los tres sentían que era agradable estar allí, frente al mar, a la vera del torreón español, disfrutando la brisa posible de la noche mientras oían la historia narrada por el Conde y bebían ron directamente del pico de la botella.

—¿Y ahora qué va a pasar? —preguntó el Conejo, dueño de una lógica implacable, siempre necesitada de respuestas también dotadas de lógica implacable.

—Creo que ni timbales —dijo el Conde, apelando a los últimos ripios de su inteligencia, a punto ya de naufragar en el alcohol.

—Eso es lo mejor de esta historia —afirmó el flaco Carlos luego de sacarle las últimas gotas a la segunda botella–. Es como si nunca hubiera pasado nada. No hubo muerto, ni matador, ni nada. Me gusta eso...

–Pero ahora yo veo un poco distinto a Hemingway..., no sé. Un poco...

–Está bien que lo veas distinto, Conde –intervino el Flaco–. Al fin y al cabo el tipo era un escritor y eso es lo que te importa a ti, que eres escritor y no policía, ni detective, ni vendedor de ni carajo. Escritor: ¿verdad?

–No, salvaje, no estoy tan seguro. Acuérdate de que hay muchas clases de escritores –y empezó a contar con todos los dedos que logró convocar–: los buenos escritores y los malos escritores, los escritores con dignidad y los escritores sin dignidad, los escritores que escriben y los que dicen que escriben, los escritores hijos de puta y los que son personas decentes...

–¿Y dónde tú pones a Hemingway? ¿A ver? –quiso saber el Flaco.

El Conde descorchó la tercera botella y bebió un trago leve.

–Creo que era de todo un poco.

–A mí lo que me jode de él es que nada más veía lo que le interesaba ver. Esto mismo –dijo el Conejo y volvió la cara hacia el pueblo–, decía que era una aldea de pescadores. Pa' su madre: nadie en Cuba dice que *esto* es una *aldea* de pescadores ni de un carajo, y por eso Santiago es cualquier cosa menos un pescador de Cojímar.

–Eso también es verdad –sentenció Carlos–. El tipo no entendió ni cojones. O no le importó entender, no sé. ¿Tú sabes, Conde, si alguna vez se enamoró de una cubana?

—Pues mira que no sé.

—¿Y así pretendía escribir de Cuba? —el Conejo parecía exaltado—. Qué viejo más farsante...

—La literatura es una gran mentira —concluyó el Conde.

—Éste ya está hablando mierda —terció el flaco Carlos y le puso una mano en el hombro a su amigo.

—Bueno, para que lo sepan —siguió el Conde—, voy a pedir mi entrada en los hemingwayanos cubanos.

—¿Y qué cosa es eso? —quiso saber el Conejo.

—Una de las dos mil maneras posibles y certificadas de comer mierda, pero me gusta: no hay jefes, ni reglamentos, ni nadie que te vigile, y uno entra y sale cuando le da la gana y si quieres hasta te puedes cagar en Hemingway.

—Si es así, a mí también me gusta —caviló el Conejo—. Creo que voy a inscribirme. ¡Vivan los hemingwayanos cubanos!

—Oye, Conde —el Flaco miró a su amigo—, pero en todo este lío se te olvidó descubrir una cosa...

—¿Qué cosa, salvaje?

—El blúmer de Ava Gardner.

El Conde miró al Flaco, directamente a los ojos.

—Yo creí que tú me conocías mejor.

Y sonrió, mientras con una mano hurgaba en el bolsillo posterior del pantalón, al tiempo que levantaba la nalga del muro. Con gestos ampulosos de mago barato, sacó la tela negra, cubierta de encajes, la misma tela que un día acarició las intimidades profundas de una de las mujeres más bellas del mundo. Con las dos manos abrió el blúmer, como si colgara de una tendedera, para que sus amigos observaran las dimensiones, la forma, la textura transparente de la pieza, e imaginaran, con sus mentes febriles, la carne viva que una vez ocupó aquel espacio.

—¿Te lo robaste? —la admiración del Flaco era ilimitada y su gula erótica también. Lanzó una de sus manos y atrapó el blúmer para sentir en sus dedos, cerca de sus ojos, el calor de la tela del deseo.

—Estás del carajo, Conde —le dijo el Conejo y sonrió.

—Algo tenía que sacar de esta historia, ¿no? Dame acá, Flaco —pidió, y su amigo le devolvió la pieza de tela. Delicadamente el Conde buscó el elástico de la cintura y lo abrió con las dos manos para luego llevárselo a la cabeza: entonces se lo encasquetó como si fuera una boina—. Ésta es la mejor corona de laureles que jamás exhibió ningún escritor. Éste es mi gorro frigio.

—Cuando te canses de joder me lo prestas —reclamó el Conejo, pero el Conde no parecía tener intenciones de descubrirse.

—Dame el ron —pidió el Conde y volvió a beber.

—Mira que ya estás borracho —le advirtió el Conejo.

De la lejanía, uno de los botes iluminados con un farol se iba acercando a la costa.

—¿Habrán cogido algo? —se preguntó el Flaco.

—Seguro que sí —afirmó el Conde—. A menos que estén salaos, como nosotros...

En silencio observaron la maniobra del bote, cuyo motor tosía con intermitencia, como si estuviera a punto de ahogarse con sus propias flemas. Lentamente cruzó frente a ellos y enfiló hacia el embarcadero del río.

—No sé ni cuántos años llevaba yo sin venir a Cojímar —dijo al fin el flaco Carlos.

—Sigue siendo un lugar extraño —comentó el Conde—. Es como si aquí no pasara el tiempo.

—Lo jodido es que sí pasa, Conde, siempre pasa —remató el Conejo con su imperturbable sentido dialéctico e histórico del mundo—. La última vez que vinimos aquí todos juntos, Andrés estaba con nosotros. ¿Se acuerdan?

—Dame el ron —pidió el Conde—, voy a darme un trago por el amigo Andrés —y bebió una porción devastadora.

—Hace siete años que se fue pal norte —el Flaco recibió la botella que le pasaba el Conde—. Siete años son muchos años. No sé por qué no quiere venir todavía.

—Yo sí sé —afirmó el Conejo—: para poder vivir del otro lado —e indicó el mar—, necesitaba arrancarse de la vida lo que dejó de este lado.

—¿Tú crees? —intervino Carlos—. ¿Y cómo va a vivir sin lo que ya vivió aquí? No, Conejo, no... Mira, hace un rato yo me estaba imaginando que Andrés podía estar del otro lado, mirando el mar igual que nosotros, y pensando en nosotros. Para eso son los amigos: para acordarse unos de los otros, ¿no?

—Sería lindo —dijo el Conde—, y lo más jodido es que puede ser cierto.

—Yo me acuerdo de ese cabrón todos los días —aseguró Carlos.

—Yo nada más que cuando me emborracho, como ahora —dijo el Conejo—. Así se aguanta mejor. Dormido o borracho...

El Conde se inclinó hacia delante y buscó el cadáver de una de las botellas que ya habían ejecutado.

—Está ahí —le dijo al Flaco—. Dame acá ese litro vacío.

—¿Para qué lo quieres? —Carlos le temía a los impulsos alcohólicos de su amigo.

El Conde miró hacia el mar.

—Yo también creo que Andrés está del otro lado, mirando para nosotros. Y quiero mandarle una carta. Dame acá la cabrona botella.

Con la botella entre las piernas y el cigarro en los labios, el Conde buscó algún papel en sus bolsillos. Lo único que halló fue la cajetilla donde aún bailaban un par de cigarros. Guardó los cigarros en el bolsillo y, controlando el temblor de sus manos, la rasgó cuidadosamente, hasta obtener un pedazo de papel rectangular. Apoyado en el muro, procurando recibir alguna claridad, comenzó a escribir sobre el papel, mientras leía en voz alta las palabras que iba grabando: «A Andrés, en algún lugar del norte: Cabrón, aquí nos estamos acordando de ti. Todavía te queremos y creo que te vamos a querer siempre», y se detuvo, con el bolígrafo apoyado sobre el papel. «Dice el Conejo que el tiempo pasa, pero yo creo que eso es mentira. Pero si fuera verdad, ojalá que allá tú nos sigas queriendo, porque hay cosas que no se pueden perder. Y si se pierden, entonces sí que estamos jodidos. Hemos perdido casi todo, pero hay que salvar lo que queremos. Es de noche, y tenemos tremendo peo, porque estamos tomando ron en Cojímar: el Flaco, que ya no es flaco, el Conejo, que no es historiador, y yo, que ya no soy policía y sigo sin poder escribir una historia escuálida y conmovedora. Escuálida y conmovedora de verdad... Y tú, ¿qué eres o qué no eres? Te mandamos un abrazo, y otro para Hemingway, si lo ves por allá, porque ahora somos hemingwayanos cubanos. Cuando recibas este mensaje, devuelve la botella, pero llena», y firmó Mario Conde, para luego pasarle el papel a Carlos y al Conejo, que estamparon sus nombres. Con esmero, el Conde enrolló el papel y lo depositó dentro del recipiente. Entonces se descubrió y comenzó a introducir dentro de la botella el blúmer negro de Ava Gardner.

—Te volviste loco —protestó el Conejo.

—Para algo son los amigos, ¿no? —comentó el Conde mientras la tela bajaba hacia la barriga del litro.

—Eso digo yo —remató el flaco Carlos.

—Seguro llega el día de su cumpleaños —divagó el Conejo, después de darse un lingotazo de ron, y comenzó a cantar—: Felicidades, Andrés, en tu día...

Cuando la prenda de tela quedó dentro, el Conde hundió el corcho en la boca, y lo golpeó con la mano abierta para que el sellado fuera perfecto.

—Va a llegar —afirmó el Conde—. Estoy seguro de que este mensaje va a llegar —y se empinó la otra botella de ron, dispuesto a buscar el alivio del olvido.

Bufando el vapor del trago, sin soltar la botella mensajera, el Conde se esforzó por incorporarse y al fin logró ponerse de pie sobre el muro cuando el Conejo repetía: «Felicidad, felicidad, felicidad...». Conde miró hacia el mar, infinito, empeñado en abrir distancias entre los hombres y sus mejores recuerdos, y observó el agresivo lecho de rocas, contra el cual podían estrellarse todas las ilusiones y dolores de un hombre. Bebió otro trago, a la memoria del olvido, y gritó con todas las fuerzas de sus pulmones:

—¡Adiós, Hemingway!

Entonces tomó impulso con el brazo hacia atrás y lanzó la botella al agua. El recipiente epistolar, preñado con las nostalgias de aquellos náufragos en tierra firme, quedó flotando cerca de la costa, brillando como un diamante invaluable, hasta que una ola lo envolvió y lo alejó hacia esa zona oscura donde sólo es posible ver algo con los ojos de la memoria y el deseo.

Mantilla, verano de 2000